JN104611

\これ**1冊**で**OK**/

カスハラ・クレーム対応

\最強/ノート

古谷 治子

マネジメントサポートグループ代表

ビジネス教育出版社

もう限界、古谷さん、何とかできませんか。

研修会社を経営して 31 年。社長業をしながらセミナーで登壇する私のもとには、経営者、そしてカスタマーセンターの現場からも切羽詰まった声が寄せられます。

経営団体は人材の流出で、接客の現場はクレーム対応のストレスでひっ迫している。双方がギリギリの悩みを抱えながらも、その思いは一方通行で噛み合っていないのです。

なぜか。

クレーム対応の捉え方に問題があるからです。

経営陣は、現場のことは現場がよく知っているからと、対応を任せがち。現場は現場で、大事なお客を怒らせないよう感情を抑えて耐える。

昨今、クレームの内容は千差万別で、対応者に多大なダメージを与える難クレームも多発しています。この状況では、組織が積極的に現場をフォローしてくれないと、担当者のメンタルが持たないのです。

本来、クレーム対応は、個人の経験やスキルに左右されるものではなく、誰が担当しても一律の対応がなされるべきです。

厚生労働省も 2022 年、社会不安を受けて急増するカスタマーハラスメントに対して組織的対応を促す指針を発表しました。

クレーム対応の不手際は顧客の不信感を生むだけでなく、大切な現場スタッフの心身を蝕み、人材の流出にもつながって組織に甚大なダメージを与えます。

クレームは現場の問題ではなく、組織の問題。どう対処するのかは、現場スタッフが判断するのではなく、企業それぞれが決めることなのです。

　長年、CS・クレーム対応教育に携わってきましたが、新型コロナウィルスの流行以降は、これまでにないほど対応困難なクレームが爆発的に増え、冒頭のような悲鳴が届くようになりました。

　もうこれまでと同じやり方では、対応し切れない。

　そこで、本書では、ご好評をいただいた『30分でわかるクレーム対応ノート』を改訂・加筆して、劇的に変化した社会情勢に呼応させました。

　クレーム対応の基本からカスタマーハラスメント、そして組織対応に至るまで、現場スタッフの心理的安全性と離職防止の観点も含めて、今の時代のクレーム対応に役立つものを集約させました。

　チャプター1はクレーム対応の基本。まず基礎を固めていただくために、苦情にまつわる心理も十分に盛り込んでいます。

　チャプター2はクレーム対応のステップに沿って、話法をはじめとした具体的な対応ノウハウをご紹介しています。

　チャプター3ではクレーム対応のタブーと解決法をご紹介。NGワードをはじめ、現場で役立つ対応の見本も入れ込みました。

　新設したチャプター4はカスタマーハラスメントについて。一般的なクレームとの線引きや、通常のお客様対応とは異なる対応方について具体例を盛り込みながらまとめました。

　最後のチャプター5は、組織対応について。悪質なクレームから従業員と組織を守るための仕組みをどう構築していくかをお伝えしています。

クレームは相手の心理を知り、対応のノウハウを学び、組織的に動くことでダメージを軽減でき、組織の筋力を強化することもできます。

　急増する難クレーム、カスタマーハラスメントから現場を、組織を守ることができますように。

　CS教育31年のノウハウを凝縮したこの一冊を組織全体でご活用いただき、現場が救われ、皆さまの心が軽くなることを願っています。

2023年3月

　　　　　　　マネジメントサポートグループ代表　**古谷　治子**

Contents

図解 カスハラ・クレーム対応最強ノート

まえがき

Introduction
あなたの対応次第で クレームは未然に防げます

Chapter

1 クレーム対応の 基本と心構え

Chapter

2 ステップ別対応心得と求められるスキル

Chapter

3 クレーム対応でのタブー&お客様タイプ別応答心得

Chapter

4 クレームに感謝し チャンスとして活かす

Chapter

5 カスハラには組織で対応

あなたの対応次第で
クレームは未然に防げます

本題に入る前にまず、よくあるケースで、
悪い例（お客様を怒らせ、クレームへと発展しがち）と
良い例（お客様に納得してもらえ、クレームには至らない）の
対比をしておきます。
あなたの対応次第で、クレームは未然に防げるということを、
4つのケーススタディからしっかりと実感してください。

何度も同じことを
言わせないでよ！

悪い例

私、担当の中田と申します。
どのようなご用件ですか？

先ほどの人にも話したんだけど。

❶そうですか。すみません。
それでどういったご用件でしょうか？

だから、先週紛失したキャッシュカードの再発行を頼んだのに、まだ届かないんだよ。

❷失礼ですが、私ども銀座支店でお申し込みになりましたか？

いや、新橋支店だよ。混んでいたからこっちに来たんだけど、同じ銀行なんだから一緒だろ？

申し訳ございませんが、他支店のことはこちらではわかりかねますので、新橋支店でお願いいたします。

ええ〜!? また同じことを新橋支店へ行って言わなきゃいけないの？

❸そう言われましても、困りますが……。

困っているのはこっちだよ。
もういい！ 新橋支店へ行くよ！

NGポイント

❶お客様の気持ちに配慮のない、ぞんざいな口のきき方をしている。

❷お客様の怒りを無視するだけでなく、要望に応えようともしていない。

❸「自分には関係ない」という姿勢がお客様の怒りに火をつける。

良い例

私、担当の中田と申します。
どのようなご用件でしょうか？

先ほどの人にも話したんだけど。

それは大変失礼いたしました。**❶私どもの連携不足で、ご用件が伝えられないまま引き継いでしまいました。何度も同じことをお話しいただきまして誠に恐縮ですが、私、担当の中田と申します。もう一度お聞かせ願えませんでしょうか？**

先週、紛失したキャッシュカードの再発行を頼んだのに、まだ届かないんだよ。

❷再発行したキャッシュカードがまだ届いてないとのこと、お待たせいたし、誠に申し訳ございません。 失礼ですが、私ども銀座支店でお申し込みされたのでしょうか？

いや、新橋支店だよ。混んでいたからこっちに来たんだけど、同じ銀行なんだから一緒だろ？

かしこまりました。それでは、いますぐ新橋支店に確認をお取りいたします。恐れ入りますが、あちらの待合室で**❸10分ほどお待ちいただけませんでしょうか？**

わかりました。よろしく頼みます。

⭕❌ポイント

❶会社としての情報伝達ミスを謝罪し、お客様に依頼する形で丁寧に対応している。

❷お客様の言葉を復唱し、適切な謝罪をしている。

❸対応にかかる時間を示したうえで、これも丁寧な依頼形で対応しているので、お客様も怒りを爆発させることなく、納得されたよう。

いったいいつまで 待たせるつもり!?

CASE 2

悪い例

> もう1時間近く待っているんだけど、まだなの？

> ❶年末なので今日はいつもより混んでいるみたいですよ……、すみません。

> あと、どれくらいかかるの？　あんまりかかるんだったらもう帰ろうかと思っているんだけど。

> ❷なるべく早くするようにしますので、少々お待ちください。

> なるべく早くってどれくらいなの？　こっちは仕事の合間に来てるんだから、のんびり待ってるわけにはいかないのよ。

> あと15分くらいだと思いますが、❸一応順番にお呼びしているので……。

> でも、いま帰っていった人は、私より後から来たのに、もう終わってるじゃない？どこが順番なの、もう結構よ。

NGポイント

❶お客様に適切な謝罪もせず、言い訳じみた対応をしている。

❷どのくらい待つかわからない、あいまいな表現のためお客様の不安が解消されていない。

❸苛立っているお客様の気持ちを無視した事務的対応になっている。

良い例

もう1時間近く待っているんだけど、まだなの？

❶お待たせして大変申し訳ございません。恐れ入りますが、お客様がお持ちの受付整理券には何番と表示されているでしょうか？

456番よ。ねえ、あとどれくらいかかるの？あんまりかかるんだったら、もう帰ろうかと思っているんだけど。

お急ぎのところご迷惑をおかけしております。ただいま450番ですので、**❷あと15分ほどお待ちいただきたいのですが、お時間は大丈夫でしょうか？**

仕方ないわね。仕事の合間に来ているんだから、急いでちょうだい。

❸ありがとうございます。できる限り迅速に対応させていただきますので、どうぞいましばらくお待ちくださいませ。

⭕ポイント

❶ 相手への配慮、共感がこめられた謝罪をしたうえで、「恐れ入りますが」とワンクッションを入れて、依頼の形で尋ねている。

❷ 待ち時間の目安を示してお客様の不安に応え、心理的にもフォローをしている。

❸ 承諾してくれたお客様に、感謝と真摯な気持ちを示している。

そんな話、
聞いてないわよ

CASE 3

: ねえ、この口座から100万円下ろしたいんだけど……。

: ご本人様ですか？　本日は、ご本人確認できるものは何かお持ちですか？

: いいえ、主人の口座なのよ。
　でも、私の免許証は持ってきてるわよ。

: ❶申し訳ございませんが、悪質なお取引を防ぐためご本人様でないとお引き出しはできません。

: 悪質だなんて、そんな失礼な……。だいたいそんな話、聞いてないわ。なんで主人の口座なのに、お金を下ろせないの？　以前はやってくれたわ。主人が忙しいから、代わりに私が頼まれて来ているの。それのどこに問題があるって言うの？

: 申し訳ございませんが、そういう決まりになっておりますので、ご本人様でないと❷一切受け付けないことになっております。　ご本人様にお願いしてください。

: 夫婦なんだからいいじゃない？　だいたい、今日だって1時間近く待ったのよ。それで、忙しい主人に出て来いだなんて、よく言えるわね。

: ❸そんなこと言われましても、お客様だけ特別扱いできませんので……。

: もういいわ、帰る‼（憤然と立ち去る）

NGポイント

❶お客様の心情を考えず、一方的に会社側の方針を押しつけている。

❷「一切」という表現は、相手を拒否するような言い方。

❸これもまた、会社側の事情を一方的に押しつけており、お客様の言い分を聞く態度が見られない。

良い例

：ねぇ、この口座から100万円下ろしたいんだけど……。

：かしこまりました。**❶失礼ですが、ご本人様でいらっしゃいますか？**

：いいえ、主人の口座なのよ。

：さようでございますか。**❷お客様、大変申し訳ございませんが、ご本人様でないとお引き出しできないことになっております。**ご存じのとおり、近年悪質な詐欺が増えており、それを防ぐために私どもも力を入れております。せっかくお越しいただきながら誠に申し訳ございませんが、ご理解いただけませんでしょうか？

：1時間も待ったのに駄目なの？　だいたい、主人が忙しくて来られないから私が頼まれて来たのよ。夫婦なんだからいいじゃない？

：**❸せっかくお待ちいただいたのに恐縮でございます。お手数をおかけいたしますが、どうかご本人様にお越しいただけませんでしょうか？**

：しょうがないわね、わかりました。主人に事情を説明して来るように頼んでみるわ。

OK ポイント

❶「失礼ですが」とワンクッション置き、丁寧な質問をしている。

❷お客様の心情を考えた謝罪をし、事情をわかりやすく説明したうえで、「こうしてください」と命令形ではなく、「いただけませんでしょうか」とお客様に判断を委ねている。

❸繰り返し謝罪しており、お客様に理解していただこうという誠意が感じられる対応になっている。

CASE 4 しつこく勧められて、仕方なく契約したのよ

悪い例

：先日、定期預金が満期になった佐藤と申します。主人も私も高齢なので長期の個人年金なんて考えてないって何度も言ったんですけど、とても強引に個人年金の契約を勧められましてね。根負けして契約したんですけど、やっぱり解約したいんですが。

：**❶お客様のお名前と、契約番号をお聞かせください。**

：佐藤智美です。
契約番号はどこに書いてあるのかしら?

：**❷契約の際に、担当の者よりお伝えしたと思いますが。**

：そんなの聞いてませんよ。だいたい、定期預金が満期になったという連絡があって手続きに来ただけなのに、ものすごく強引で。銀行の方ってもっと紳士的だと思ってたのに裏切られたわ。

：そうですか。**❸その個人年金のプランはすごい人気なんですよ。**今後、国からの年金には期待できませんし、いま入るとお得なんです。このプランですと、余裕をもって生活できますし、10年後には世界1周旅行に行くことだってできますよ。

：いまだって余裕があるわけじゃないし、10年後なんてわからないじゃない! とにかく解約してちょうだい。

：では、**❹解約の手続きをしますので、契約番号をお願いします。**

：だから、契約番号はわからないと言ってるじゃないの!

NGポイント

❶謝罪もせず、いきなりマニュアル的な質問をしている。

❷確認もしないで、お客様に責任を押しつけている。

❸お客様の言い分を聞き入れていないばかりか、再度しつこく勧誘をしている。

❹お客様の心情も考えず、事務的に話を進めている。

良い例

：先日、定期預金が満期になった佐藤と申します。主人も私も高齢なので長期の個人年金なんて考えてないって何度も言ったんですけど、とても強引に個人年金の契約を勧められましてね。根負けして契約したんですけど、やっぱり解約したいんですが。

：**❶契約の際、ご不快な思いをさせてしまい大変失礼いたしました。** ご解約ということでいらっしゃいますね。恐れ入りますが、佐藤様の下のお名前と、契約番号をお伺いできますでしょうか？　ご契約番号はご契約書の表紙右上に記載されております。

：佐藤智美です。
契約番号は908765375です。

：**❷ありがとうございます。3月20日に個人年金10年プランをお申し込みされた佐藤智美様でいらっしゃいますね。**

：そうよ。定期預金が満期になったという連絡があって手続きに来ただけなのに、すごく強引で。銀行の方ってもっと紳士的だと思ってたんですけどね。

：**❸大変ご不快なお気持ちにさせてしまいましたこと、担当者になり代わりましてお詫び申し上げます。** すぐにご解約のお手続きをさせていただきます。

：ありがとう、よろしくお願いします。

⭕❌ポイント

❶同僚の失礼な態度を詫び、適切な部分謝罪（34ページ参照）をしている。

❷きちんと確認をしており、間違いのない対応がされているという安心感をお客様に持ってもらえる。

❸迷惑をかけたことへの謝罪が適切で、お客様への気遣いも感じられる。

Chapter
1

クレーム対応の
基本と心構え

クレームを言うお客様の背後には、その何倍もの
サイレント・クレーマーといわれるお客様がいます。
クレームを言うお客様はなぜ、嫌な思いをしてまで、
クレームという行為に及ぶのか。
その心理を理解したうえで、
クレーム対応の基本と心構えを身につけていきましょう。

お客様の心理を知る①
世の中は大クレーム社会
みんな不満を抱えている

◉1件のクレームの背後には見えない不満が充満している

　家で荷物の到着を待っていて、予定時間から大幅に遅れたとします。配達スタッフから「すみません」の一言もなかった場合、あなたは苦情を言う方ですか？　何も言わず不満をのみ込むでしょうか。

　従来、CSの世界では、不満を持った顧客の96％は苦情を言わないサイレントクレーマーだと言われてきました。苦情を言ってくるのは100人のうち4人、多くの人は言いたいことがあってものみ込んで我慢しているというのが定説です。

　誰でも苦情を訴えるのは面倒なもの。近年は相手を困らせて楽しむような悪質クレーマーが社会問題となっていますが、多くの人はわざわざ時間と手間を使ってクレームなど言いたくないのです。

　ところが、2009年に消費者庁が発足、2010年に入って食品への異物混入事件が相次いで以来、物言う消費者が当たり前となってきました。

　企業のサービス向上にともなう消費者の意識の変化も相まって苦情を申し立てる電話が急増しています。

　CS向上の現場に立ち、日々カスタマーサービスに関わる方々のご苦労を伺っていると、「サイレントクレーマーは96％」という数字はもう古いのではないかと思えるのが実感です。

◉ストレス社会は一触即発

　　新型コロナウイルスの流行以来、誰もが我慢を強いられストレス過多の社会になってきました。先が見えない世の中で多くの人が不安を抱

▶1件の苦情の後ろには、その10倍近い不満があると捉える

▶不評は流れるスピードが速い。ネット社会では全国、世界中へと悪評が拡散されていく

▶不満を抱えたお客様は、きっかけがあると即爆発しかねない

▶クレームを言うお客様は、多くの不満を代弁してくれる存在だと心得る

えて、不満のはけ口を探していると言ってもいいでしょう。ほんの小さな対応ミスが着火点となって、大切な顧客を失うだけでは済まず、お客様をモンスターのようなクレーマーにしてしまう現象も数多く見られます。

　たとえ、面と向かって苦情を申し立てなくも、SNS社会では誰もが簡単に不評を流すことができます。顔が見えない分、実際のミス以上の悪評をアップされることもしばしば。たかが1件と、苦情を軽く見てしまうと、いつの間にか組織全体を脅かす事態になりかねません。

1 2 クレームを言うのは そこに期待があるから

●クレームは重要な情報源である

　お客様は商品やサービスに期待して購入をします。期待より商品やサービスが優れていたら満足し、期待より劣っていたら不満に思い、残念さが怒りへと変わります。

　クレームを言うことが目的のクレーマーは別として、一般のお客様も「こんなこと言いたくない」と、内心嫌な思いを抱えています。

　事情を説明したり、怒りをぶつけるのはエネルギーを要するもの。そんなエネルギーを使ってまでクレームを言うのは、期待の表れであり、クレーム対応によって問題を解決してほしいと思うからです。

　クレームは普段は隠されているお客様の本音やリクエストが垣間見えるものです。

　それまで気づかなかった商品やサービスの問題点だけでなく、世間の嗜好や評判などもダイレクトに反映されています。

　つまり、クレームとは重要な問題定義であり、企業が成長するためのヒントを与えてくれるものなのです。

●適切な対応がファン＝安定的顧客を生む

　アメリカのマーケティング・コンサルタント会社のジョン・グッドマンは、クレームへの対応とお客様の再購入の決定には相関関係があるとして、3つの法則を残しました。

　まずは顧客化の可能性について。クレームへの対応に満足したお客様は、苦情を言わないサイレントクレーマーに比べて再購入の割合が60〜70％高くなると示しています。

グッドマンの法則

▶①クレームを言うお客様は、顧客になる可能性が高い。
「苦情にもすぐにきちんと対応してくれていい会社だ」
クレーム対応への満足感はファンを増やすきっかけになる

▶②クレーマーの口コミは影響力が強い
悪評ほど周囲に伝えたくなるもの。インターネット社会ではより迅速対応が求められる

▶③企業の適切な情報提言は、信頼と利用意図を高める
適切な情報提供をすることで、顧客との信頼関係が生まれる

　次は、口コミの力です。悪い口コミは良い口コミよりも拡散しやすく、企業は口コミや評判に対してより慎重になるべきだと提言しています。

　最後は適切な情報提供の重要性についてです。

　値上げや商品のトラブルなど自社にとってはマイナスになることでも適切に情報を開示することで、お客様との間に信頼が生まれます。

　これらの法則を見出すための調査は1980年代に行われたものですが、時を経てもCS向上のためのポイントとして重視されています。

1 3 怒りに至ったお客様の 心理を理解しましょう

◉第一の被害者はお客様の方である

　接客に携わる方々からご相談を受けると、多くの方が「クレームは厄介なことを言われる辛い仕事」と感じておられます。たしかに苦情対応はダメージを伴う仕事ではありますが、神経をすり減らす原因の一つは、自分を被害者だと感じているからではないでしょうか。

　「自分が悪くないのに、なぜこんなことを言われないといけないのか」と、お客様を加害者のように捉えていませんか。

　ここでは、お客様の怒りを理解するために、2段階で怒りの感情を整理してみましょう。

　お客様は商品やサービスへの期待が裏切られて残念に思っています。これが「1次感情」。そしてクレームで怒るのは、「2次的な感情」です。

　楽しみにしていた商品が壊れていた、電子マネーが使えず必要な買い物ができなかったなど、残念さを訴えるために怒りを用いるわけで、クレームの現場では、被害者はお客様の方です。

◉お客様は問題が起きたから腹を立てている

　人は納得のいかない状況に陥ると、とりあえず文句を言いたくなるもの。本人が気づかなくても、怒りを吐き出したくなるのです。

　喜怒哀楽のうち「怒り」が厄介なのは、一旦怒りを覚えると吐き出すまでなかなか収まりがつかなくなるからです。

　最初は冷静に話していたお客様でも、対応する側が早くクレームから逃れようとして、話を十分に聞かないまま、説明や弁明に走ると、一気に怒りが爆発してしまいます。そして、必要以上に不満の言葉を浴びせ

クレームを言うお客様は何を望んでいるかを考える

おたくのせいで
私はいま困っている

楽しみにしていたのに、
台無しになってショック

とにかく目の前の問題を
解決してほしい

（対応側が）非難めいた態度
疑いの言葉　逃げ腰の対応

▶お客様の怒りに火がついてしまう

【初期対応を間違えなければ、トラブルを防ぐことができる】
〈まず大事なのは怒りを受け止める謝罪の言葉〉

とても強引に個人年金の契約を勧めら
れましてね。根負けして契約したんです
けど、やっぱり解約したいんですが

悪い例　〈謝罪の言葉なしで
　　　　　進める対応〉

いつご購入ですか？
まずお客様番号と購入日を
おっしゃってください

▶負の感情を煽り、怒りを募らせて
しまう

良い例

とてもお困りだったのですね
ご迷惑をおかけして
本当に申し訳ございませんでした

▶お客様の怒り（負の感情）が
軽減され、クールダウンできる

てしまうのです。

　クレーム対応の初期段階で行うべきは、お客様の残念な思いを受け止めること。お客様が最初に聞きたいのは、謝罪の言葉です。

　急がず、焦らず、お客様の気持ちに寄り添って謝罪の言葉を伝えれば、一気にクレームの場がクールダウンします。

　お客様の心情に気づけば、「今できることは何だろう」と自分ごとのように考えることができ、対応する側の気持ちも楽になります。

お客様は常に「自分は正しい」と思っている

◉クレームに苦手意識を持つのには理由がある

　前項の補足となりますが、近年はクレームに対して必要以上に苦手意識が働き、ストレスとなっている人が少なくありません。

　研修で、「クレームは情報が詰まっている宝の山です」と話すと、実際に関わっていないから言えるのだとお叱りを受けることもあります。

　では、なぜそこまでクレームをネガティブに捉えてしまうのか、客観的に分析してみましょう。

　まずは第三者から怒りが飛んでくるからです。相手が攻撃的だとパニックに陥り対応できなくなるケースもあります。

　次に対処法がわからないから。スキルが身についていないとやみくもな対応になって成功体験を積むこともできなくなります。

　また、お客様の要望と自社の提案にはズレが生じやすく、円満に解決しないと消化不良となって苦手意識が強まります。

　そして一度嫌な経験をするとトラウマとなって、クレームに向き合うことが難しくなるのです。

◉スキルを磨くことが成功体験への道

　逆にいうと、上の３つを克服すれば、クレームへのストレスは軽減されます。つまり、必要なのは、お客様を怒らせないスキルです。

　クレームの代表的な発生原因は４つあり、まずは商品やサービスの不良です。２つめは接客態度の悪さ、３つめは自社のルールの押し付け、最後はお客様の勘違いや不注意によるものです。２つめ、３つめを考えると、クレームの大半は、人が引き起こしていると言えます。

クレーム対応をするときの考え方＝「お客様は正しい」

（悪質クレームを除いて）

お客様は「自分は正しい」と思って苦情を訴えている

▼

お客様の言い分を聞かないことには話は前に進まない

▼

お客様は自分の言い分を受けてもらえることで
第1段階の満足に入る

▲

**必要なのは、聞くスキル・話すスキル・
解決へと誘導するスキル**

苦手意識を克服するために

▶ お客様の言い分を聞き、受け入れて話す話法を身につける
成功体験を積む

（例）

お客様にわかりやすいご案
内ができておらす、ご迷惑を
おかけいたしました

説明書が小さな字じゃ
読めないわよ

　お客様は問題が起きたから苦情を言い、解決してほしいと願っている
のであって、あなた自身に腹を立てているわけではありません。

　ですから、お客様の「わかってほしい」と思っていることを受け入
れ、適切に対処すればスムーズに解決へと至るのです。

　必要なのはお客様の怒りをおさめて解決へと導くスキル。受け答え
の知識を学びスキルが身につけば、クレームへのマイナス意識が薄れ、
お客様に歩み寄ることで恐怖を感じることなく対応に臨むことができ
ます。

お客様を怒らせない
「申し訳ない」という気持ちは
言葉、表情、態度で表す

●焦って対応すると火に油を注いでしまう

　近年はコールセンターでも自動音声での案内が多く、担当者につながるまで時間がかかる場合があります。お客様によっては、担当者とつながった時点ですでにイライラしている方も多いでしょう。

　お客様の話が「いつまで待たせるのよ」ときつい口調で始まると、対応する側はつい萎縮しがち。冷静さを欠いて、対応を焦ってしまいます。

　クレーム対応の経験を積んでいる場合でも、早く解決させようという気持ちが先走ってしまうと、つい態度に表れてしまいます。

　問題解決を願っているお客様でも、一方では「まずは謝ってほしい」と思っているもの。その心情への配慮を欠くと、「事務的な対応をされた」とマイナスイメージを与えてしまいます。

　お客様の話は決して聞き流さず、まずは謝罪をしてから先へと話を進めるべきです。

●誠実な態度でお客様を受け入れる

　対応の基本として心がけるべきは、誠実に接することです。

　自分が思っているだけでなく、"相手に伝わるように"誠実さを"表す"ことが大切です。

　淡々と対応するのではなく、「どうされましたか」とお客様に寄り添うように向き合ってください。

　お客様の言い分をきちんと受け止めていることを伝える「表現力」はとても重要です。たとえ言葉は丁寧でも表現力を欠いていると、「上から目線」だと受け取られる場合も。言葉づかいだけでなく、態度や表情

お客様の口調がきつくても冷静さを保つために

▶申し訳ないという気持ちを言葉、態度、表情で表現する。

【お客様を怒らせる態度】

・あいづち、共感がない → 話を聞いていない、理解する気がないと思われる

・抑揚のない謝罪の言葉 → 本気で悪いと思っていないように見える

・すぐに言い訳、否定する → 逃げ腰、客の言うことを聞かない会社だと思われる

問題解決の前に、お客様の怒りをクールダウンする

▶【怒りのクールダウン＝感情の浄化】
　聞く、謝罪する、共感する姿勢でお客様の気持ちを落ち着かせる

による表現も重要なポイントになります。

　たとえば、あいづちや共感の言葉がないと、話をわかってくれないと思われがち。言い訳や否定をすると、悪いと思っていない、または逃げていると思われてしまいます。

　チャプター2以降でご紹介する具体的な表現スキルを身につけて、お客様のイライラをクールダウンさせましょう。適切な表情と態度で謝罪をすると、お客様はだんだんと落ち着いてきます。

謝罪にはポイントがある

お客様の不満に焦点を絞って
お詫びする

●話をすべて聞かないままの「全面謝罪」は危険

初期対応では謝罪が大事、と言われても、クレームの場で最初にお詫びすることに抵抗を感じる人は少なくありません。

実際に窓口対応の方々からは、「こちらに非があるとは限らないのに」、「最初に謝ってしまうと全面的に相手の言い分を聞かないといけなくなってしまうのではないか？」、あるいは「訳もわからないまま頭を下げると、かえってお客様を怒らせてしまいそう」というご質問をよく受けます。

たしかに欧米では、弁済や弁償請求を認めることになるため、簡単に謝らないほうが良いともいわれます。

しかし、クレームが発生した時点で唯一わかっていることは、お客様が不満に思っているということ。適切に謝罪するのは基本中の基本です。

とはいえ、話をきちんと聞かないまま、「すべてこちらの責任です」と、頭を下げてしまうのは危険です。受け止め方によっては非を全面的に認めることになってしまいます。

●お客様の話に集中して「部分謝罪」する

適切な謝罪とは、「お待たせして申し訳ございません」「ご案内が行き届かずご迷惑をおかけしました」というように、お客様が不満に思っていることにポイントを絞って「部分（的に）謝罪」（限定付き謝罪ともいう）することです。

クレームが発生するとお客様は対立の態勢になりがち。ですから、最初に謝罪することで、スタート地点に立てると思ってください。

全面謝罪と部分（限定付き）謝罪

全面謝罪

お客様の話をろくに聞かず、状況がのみ込めないまま、「大変申し訳ございませんでした」「わたくしどもの責任です」と、頭を下げてしまう

↓

非はすべて自分の方にあると認めることにもなる

↓

企業にとっては危険な謝罪
弁償、弁済、損害賠償といった問題に発展してしまう危険をはらむ

部分謝罪

▶お客様の話に集中して、しかるべき問題点に対して適切に謝罪する

お電話がつながりにくく申し訳ございませんでした

○○について不快な思いをさせてしまいご迷惑をおかけいたしました

↓

何に対して不満か、何に怒っているのかが明確になる

お客様の怒りを沈静化させ、「問題を受け止めています」という表現にもなる

何に対してどのような言葉でお詫びするのか、タイミングと言葉を謝らないよう、研修のケーススタディ等であらかじめ学んでおきましょう

　お客様の言葉に圧力を感じることがあるかも知れませんが、その状況から早く脱出するためにも、部分謝罪は有効です。適切にお詫びすることでお客様の怒りを一旦落ち着かせ、冷静に話ができる状況へと進めることができます。

　どこに謝罪の焦点を当てるのかを見極めるには、お客様の話をしっかりと聞くこと。丁寧に耳を傾けることは、商品やサービスにどんな問題が起こったのかを探る上でも重要です。

クレーム対応の原則を守る
お客様の感情を害さず誘導する

◉人は態度や言葉によって認識が変わる

　一般的にクレームを言うお客様は【謝罪】のほかに、「どうしてそうなったのか」という【理由】、そして、「結果としてどうしてくれるのか」という【解決策】について納得のいく説明を求めます。

　さらに近年は、「会社としてどんな対応策をとるつもりか」（企業姿勢）まで説明を求める方も増えてきています。

　問題を解決したいのはお客様も対応する側も同じ。しかし、早く終わらせよう、あるいはこちらのルールを押し付けようとすると、気づかないうちに態度や言葉に表れてしまい、お客様に伝わってしまいます。

　たとえば、商品の注意事項について話す場合、「説明書にも記載しているのですが……」と言うのと、「わかりづらい表記かもしれず、大変失礼いたしました。〇ページの中ほどに書いておりますように」と、丁寧に言い添えるのでは印象が大きく違います。

　人は言葉や態度によって受け取り方が変わるもの。感情的な行き違いが起こらないようお客様の言い分をしっかりと丁寧に受け止めると、何度も同じことを言われることなく、自然と対応時間も短くなります。

◉「安請け合いや勝手な」判断をしないこと

　解決を焦って、その場で勝手に解決策を提示するのも厳禁です。クレームの初期段階ですべきことは、【処理】ではなく【対応】。たとえば、お客様が急ぎの商品交換を求めた場合、納期を確認せず、「すぐ届けます」と返答して結果的に遅れてしまうと、さらに問題となります。

　クレームの1次対応では、お客様の不満を最小限にとどめ、自社のル

クレームを言うお客様が求めているもの

①謝罪

③解決策

②理由の説明

④会社の姿勢、企業としての今後の方針
（問題が起こらないよう、企業としてどう対応を講じるか）

ルールを押し付ける言い方はお客様の気分を害する

悪い例

ご存知ないかもしれませんが、法律で決められております

その言い方はないだろう

わかりにくい説明書なんて説明になってないわよ

良い例

ご説明が行き届かず、大変失礼いたしました。大変心苦しいのですが、法律上の規定がございまして、例外としての対応ができかねる状況でございます。大変心苦しいのですが、なんとかご理解いただけないでしょうか

ールの枠内へとお客様の気分を害さないよう誘導していかなければなりません。

　初期の段階はまず謝罪、そして「何があったのか」という現状を正確に把握し、お客様の要望を正確に聞き取ることに注力しましょう。

　お客様に何度も同じ説明をさせることのないよう、クレーム内容はきちんとメモをとることも忘れずに。必要部署と正確に情報共有することも１次対応者の重要な役割です。

クレームをトラブルにしない
円満解決に向かうための
３つのステップ

◉クレーム対応のプロセスを理解する

チャプター①の最後として、クレームを解決するまでを３つのステップで整理しておきましょう。流れをイメージしながら、それぞれのポイントを頭に入れてください。

第１ステップ１：お客様と良好な関係（リレーション）をつくる

第２ステップ２：お客様の不満に焦点を当てる（フォーカシング）

第３ステップ３：具体的な解決策へお客様を導く（ゴールへの誘導）

第１ステップでは、お客様の信頼を得るために、丁寧な謝罪と態度、言葉づかいがポイントになります。

第２ステップは状況と問題点の把握です。お客様はなぜ怒っていて、何をしてほしいのか、状況を把握します。問題点が明確になったら、それに対して適切に謝罪し、第３ステップの問題解決へとつなげていきます。

◉初期対応に失敗すると問題がこじれがち

クレーム対応は"叱られること"ではなく、お客様のお困りを解決することです。お怒りの様子でもひるまず、つとめて冷静になって、真摯に向き合う姿勢を示しましょう。

表情と声のトーンにも気をつけるべき。クレームだとわかった時点で、わざとらしくならないようにだんだんとトーンを落とします。

また、言葉は慎重に選ぶべきです。わかりやすく相手に伝わることが重要であり、あいまいな表現や否定的な言い方は避けるべきです。

安請け合いや勝手な判断も厳禁です。

クレームは総じて、初期対応に失敗すると問題がこじれがちです。

クレーム対応のステップと担当者に求められるスキル

第1ステップ

▶リレーションの構築 ← お客様に信頼してもらう
〈必要なスキル〉マナー
（前向きに誠実に聞く姿勢）

〈お客様に与える心理〉

話をきちんと聞いてくれそう

第2ステップ

▶フォーカシング ← 問題点を明確にする
〈必要なスキル〉聞く力
（問題点の把握と整理）

〈お客様に与える心理〉

誠実に対応してくれそう

第3ステップ

▶ゴールへの誘導 ← 具体的な問題解決へと
　　　　　　　　　　お客様を導く
〈必要なスキル〉話す力
（解決に向けた提案、交渉）

〈お客様に与える心理〉

仕方ないので
提案を受け入れよう

きちんとした対応してくれた

　ファーストコンタクトはお客様を顧客にするか、クレーマーにするかの分かれ道だと思ってください。

　初期対応を誤ってしまうと、対応者への不信感や怒りも加わって、無理難題を押し付けられたり、揚げ足を取るかのように攻撃されることも数多くあります。

　自分たちの常識や当たり前に思うことがお客様に通じない場合もあるため、常に対応を客観視して、スキルを磨くことが重要です。

火に油を注ぐ NG 行動
「わからない」は NG
たらい回しは事態を悪化させる

●怒っていないお客様まで怒らせてしまう

　苦情をたらい回しするのは、クレームを組織的に捉えていないことの表れです。商品やサービスへの知識不足や社内の連携が取れていない場合に発生します。

　もし、自分が問い合わせの電話をかけたとしましょう。

　「こちらは担当ではございませんので、担当部署を確認します」と待たされ、次の部署でもまた「しばらくお待ちください」と保留にされたらどうでしょうか。だんだんとイライラがつのります。

　ただでさえ、近年のカスタマーサービスは自動応答が多く、どこに連絡すればいいのかわかりにくい上に、電話がつながるまでに時間がかかります。やっとつながったところで、担当がわからないとなると、怒りが増して当然です。

　たとえ、適切に対応しようと部署を捜して電話をつないでいたとしても、お客様にとっては「いい加減な対応」をされているのと同じです。

●マニュアルは単なる手順ガイドではない

　自分の部署外の問い合わせだったとしても、「わからない」という回答は厳禁。お客様のお困りの気持ちが行き場をなくしてしまいます。

　ひとまずは、お客様のお困りの点を確かめ、どの部署につなぐべきかがわからない場合は、折り返し、担当から連絡させていただく旨をお伝えします。

　クレーム対応は迅速、誠実、お客様の立場で対応するのが原則です。素早く、的確に問題を解決するために、どのような言い方でどう対応す

たらい回しはお客様の怒りを増してしまう

悪い例

わかりません

こちらは担当ではございませんので

▶困っている中、時間やお金を使って問い合わせをした
お客様の怒りが増大したまま担当につなぐことになる

クレーム対応の行動基準とは

迅速
誠実
お客様の立場で対応する

迅速な解決のために・・・・
クレームへの対応を社内ルール化
よくあるクレームの情報を全社で共有
関連する部署同士→ヨコの連携を密にする

るのかは、あらかじめ統一的なルールを決めておきましょう。

とくに、自社で起こりがちなトラブルについては、全社的に情報共有し、部署外でも連携を取ることが肝心です。

対応マニュアルはとかく作成すること自体が目的になりがちですが、体系化された対応を全社で活用してこそ生きてくるものです。対応方法を組織全体に浸透させ、関連部署同士が緊密な連携を取ることで、クレーム対応がスムーズになり、業務の改善にもつながります。

良いクレーマーと悪いクレーマーがいる

正当と悪質のボーダーラインとは？ お客様なのか、クレーマーなのかを見極める

◉普通のお客様がクレーマーになる時代

現代社会はさまざまなストレスが渦巻く不寛容社会です。人の言動を受け入れない、ミスや欠点を厳しくとがめるなど、SNSによって個人の発言力が増した社会で大きな問題となっています。

もともと日本はサービス大国である上に、情報隠蔽等によって企業への不信感が増し、ネットやスマホの普及で時間や場所を問わずに苦情が言えるという環境も手伝って、クレームは一気に増加しました。

そこに新型コロナウイルスよる社会不安が追い打ちをかけ、人々の怒りの沸点が下がってしまったようです。企業や行政の窓口が不平不満の捌け口になっているとも言えます。

かつて、恐喝などの悪質クレームは反社会勢力によるものとされていましたが、いまや普通の人が怒りを爆発させる時代。心に問題を抱えた人による怒りの苦情、承認欲求を満たしたいための苦情も増えています。

なかでも「正しいことを指摘してあげよう」という正義感によるクレームは厄介で、小さな対応ミスが引き金となって担当者への攻撃やトラブルを招き、お客様担当の現場には緊張感やストレスが蔓延しています。

◉正当クレームと悪質クレームのボーダーラインとは

苦情やクレームとは、企業側と消費者が互いに納得のいくゴールへと向かうことで解決するものです。

ところが悪質なクレームは、金品の要求や誹謗中傷による自己満足が目的のため、双方が円満な解決に至ることはありません。

また、どこまでが正当で、どこからが悪質なのか、不寛容社会におい

クレーム、苦情の定義づけ

クレームとは

会社の責任によって発生
　　　異物混入・製品不良・健康障害・
　　　設計ミス・火災爆発・違法行為
　　　など
法律や条例に抵触している商品やサービスへの不満、企業へのなんらかの要求行動

　▶納得のいく解決を求める

苦情とは

個人の不満、要求によって発生
　　　応対のまずさ・約束不履行・
　　　イメージ違い・数量間違いなど
個人的な不満・要求・期待

　▶不快感の処理を求める

正当と悪質のボーダーライン

要求内容や要求態度が【社会通念】に照らして「著しく不相当」であるクレーム

① 不当な金銭要求・「誠意を見せろ」
　・課題な物品要求・無理難題
② 因果関係が不明確
③ 不当な接し方
④ 業務妨害

通常の許容範囲(一般常識)を超えている
1つでも該当すれば悪質クレーマー(法的違反も)

てはその見極めが一層難しく、多くの企業が頭を悩ませています。

　詳細はチャプター4でご紹介していますが、上記に悪質クレームの特徴をあげましたので、判断基準の参考としてください。

　暴力や恐喝はもちろん、要求の内容や態度が一般常識に照らして著しく不相当なものは悪質クレームです。これらは、一般のクレームとは対応法が変わるため、企業それぞれで独自のボーダーラインを決め、具体的な対応ルールを決めておくと良いでしょう。

お客様が思う、「こんな態度だと怒りが増す」

お客様は以下のような不満を持っています。
思い当たる点がないか、チェックしてみてください。

	終始接客が無愛想
	言葉づかいが横柄で、ビジネスマナーに欠けている
	言葉づかいは丁寧でも気持ちがこもっていない（慇懃無礼）
	対応が事務的で冷たく感じられる
	早く済ませようという気持ちが見え見えで扱いがぞんざい
	社内用語や業界用語などわかりにくい言葉で説明する
	社内ルールを優先して押し付けてくる
	相談や提案を無視して進める
	代替案として必要のない商品をすすめてくる
	たらい回しにされて、その都度同じ説明をさせられる

お客様が思う、こんな態度は好印象

	テキパキとした対応
	礼儀正しく、言葉づかいが丁寧
	細かいところや心情にまで気を配る親切な対応
	説明が明確でわかりやすい
	スピーディで問題が早く解決
	自分の言い分にしっかり耳を傾けて、理解してくれた
	商品の勧め方に節度が感じられた
	こちらが納得しているかを確認しつつ進めてくれた

Chapter 2

ステップ別対応心得と
求められるスキル

クレームをトラブルに発展させないためには、
さまざまなスキルが必要です。
お客様との良好な関係をつくる第1ステップ、
問題点を把握して整理する第2ステップ、
解決策を提案して誘導する第3ステップ——。
各段階で求められるスキルをしっかり磨いていきましょう

イライラしているお客様の目は厳しい
第一印象は隙なく、抜かりなく

◉第一印象を決めるのは見た目

　クレームでまず気をつけるべきは、初期対応に失敗しないことです。最初に好印象を持ってもらえるかどうかが、その後の展開を左右します。「この人は話しやすい」と思ってもらうためには第一印象が大切。心理学者のアルバート・メラビアンによると、人の印象を決めるのは第一に視覚情報、次いで聴覚情報、最後は言語情報です。

　まずは見た目、イライラしているお客様の目は厳しいものです。服装や髪の乱れなど身だしなみは常に清潔に整えておきましょう。

　もちろん、身振りや態度にも気を配ること。勝負は最初の３秒と心得て、尊大、あるいは投げやりな印象を与えないよう背筋は伸ばす、アゴは少し引いて口角は上げ気味に。相手の目を見過ぎるとにらみつけているように見られてしまう恐れがあるので、視線は相手の眉間からのど元あたりに合わせましょう。

　次は声です。普段より２、３音低めのトーンを心がけ、早口にならないようややゆっくりと、一音一音はっきり発音するよう心がけます。

　語尾は上げないように注意し、専門用語やあいまいな表現は避けること。具体的な話法はこのあとに紹介しますが、名前を呼びかけたり、質問をしながら、お客様に伝わっているかを確認しながら話します。

◉斜め45度の位置関係で心の逃げ場になるスペースをつくる

　信頼関係を築く上で、歩み寄っていくのは対応者であるあなたです。第一声は笑顔で明るく、クレームだとわかった瞬間には、目の端や口角

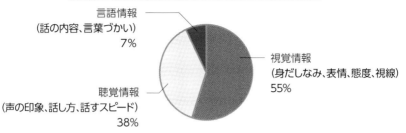

第一印象は見た目、話し方、言葉で決まる

言語情報
（話の内容、言葉づかい）
7%

視覚情報
（身だしなみ、表情、態度、視線）
55%

聴覚情報
（声の印象、話し方、話すスピード）
38%

信頼を生み、誠実さを伝える

口角をやや上げて
笑顔に

感じのいい第一声
（普段より2〜3音
低めに）

相手の正面に立たない、座らない：向かい合わせは緊張感を生む

・相手の斜め横に付く中立の位置関係
　斜め45度：空間が心の余裕を生む
・心臓対心臓（心臓が向き合う）の位置関係：
　正面でもお互いが少しずれて、圧迫感のない位置につく
・メモを取りながら話すと、時おり視線を落とすことに
　より落ち着いて対応できる

を心持ち下げ、「申し訳ない」という表情に切り替えて、お客様の神経を逆なでしないようにしましょう。

　また、位置関係も重要な要素です。互いに正面に向き合うと緊張感が増すため、お客様はつい怒りっぽくなり、対応する側は必要以上に威圧感を感じて、平常心を保ちにくくなります。

　対応がカウンター越しであれば、場所を移して、斜め横に付く位置に変えると良いでしょう。面と向かって目を合わせることが少なくなり、話しやすい空間をつくることができます。

2-2 クレームだとわかったら お詫びモードに切り替える

◉ヴォイスチェンジでお詫びモードへ

　お客様に安心感を与えるには声のトーンと話し方がポイントです。語尾をあげたり伸ばしたり、甲高い声で話すと、お客様の癪にさわります。

　電話でも対面の対応でも、お客様の不満そうな様子に気づいたら、ヴォイスチェンジをしましょう。徐々に声のトーンを落としていくことで、話を真剣に受け止めているという姿勢を伝えることができます。

　話し始めには、自分の部署と名前をきちんと名乗ることも忘れずに。「○○部の○○と申します。お話をお伺いいたします」と、組織を代表して対応することを伝えると、信頼感が増します。

　また、話すスピードをお客様に合わせて変えるのも大切です。

　急いでいる様子ならこちらもやや早口で、お困りの様子ならお気の毒に思う気持ちを表現してトーンを落とすなど、相手に合わせるとシンパシーを感じてもらうことができ、お客様との距離が縮まります。

◉話の合間にマジックフレーズをはさむ

　クレームの初期段階では、お客様の話を"しっかり受け止める姿勢"が大切です。感情的になっている人に相対するのは勇気を要しますが、うつむく、目を背けるなど逃げの姿勢は、クレームをきつくしてしまう原因になります。

　また、お客様の話が続いている間は言葉をさえぎらないこと。たとえお客様に非があることに気づいても、口をはさまず、一旦は言葉が切れるまで聞きましょう。

　事実関係がはっきりしないうちに憶測で話したり、不用意に発言する

お客様に安心感を与えるポイント

・組織の代表として、部署と名前を名乗り責任を持って対応することを伝える
・お客様の話す様子に合わせて、声のトーンやスピードを合わせる

マジックフレーズ一覧

▼感謝を伝えるマジックフレーズ

・ありがとうございます
・恐れ入ります
・助かります
・ありがたく思います
・おかげさまで
・うれしく思っています
・貴重なご意見、恐縮でございます
・いつもご愛用いただきありがとうございます

▼謝意を伝えるマジックフレーズ

・申し訳ございません
・ご迷惑をおかけいたしました

・ご負担をおかけいたしました
・お詫びを申し上げます
・大変失礼いたしました
・不行き届きで申し訳ございませんでした
・いろいろとお手数をおかけいたしました

▼共感を表すマジックフレーズ

・お怒りはごもっともでございます
・ご事情をお察しいたします
・たしかにそうですね
・おっしゃる通りでございます
・深刻な状況が伝わってまいりました
・たしかにその通りかと思います
・さようでございましたか
・ご指摘ごもっともでございます
・お話、よくわかります

謝意、感謝、共感のマジックフレーズを使って丁寧なあいづちを打つことで、お客様はきつい言葉を言いにくくなる

と、対応はいっそう困難になります。

　けれど、ただ黙ってうなずいているだけでは誠意は伝わりません。

　そこで覚えてほしいのが、一覧にあげているマジックフレーズです。

　「謝意」「共感」「感謝」を表すマジックフレーズをはさみつつ聞くと、誠実さを表せるだけでなく、お客様の話も整理されやすくなります。

　同じ言葉を繰り返すのではなく、語彙を増やして変化をつけると、お客様も話しやすくなります。

2 3 何が起こり、何にお怒りで、どうしてもらいたいか、クレームの中身を明確に把握する

●フィードバックを使って、事実を明確にする

　第2ステップは、問題点を浮き彫りにする「フォーカシング」の段階です。お客様に何が起こったか（状況）、何に対してお怒りなのか（問題点）、どうしてもらいたいのか（ご要望）を把握していきます。

　事実を具体的に、明確に把握したいところですが、お怒りだったり、お困りのお客様がわかりやすいように話してくれるとは限りません。

　そこで活用したいのが、「フィードバック話法」です。お客様の話からポイントとなる部分を繰り返して、聞き返す形で確認をしていきます。

「到着した商品とご注文の品の色が違っていたということですね」

「ご注文されたのは○月○日でしょうか」

「お手数ですが、もう一度ご注文番号をおっしゃっていただけますか」

「お電話の折り返しが、30分以上かかったということでしょうか」

「恐れ入りますが、先ほど対応した者の名前はおわかりになりますか」

「お電話の際に、確認をしなかったということでしょうか」

　このように、ポイントを突いて質問を繰り返していけば、お客様の話が前後したとしても、問題点が明確になっていきます。

●確認や切り替えには「クッション言葉」を使う

　クレームの原因が商品そのものにあるのか、対応の仕方にあるのかで、その対応や解決策が大きく変わってきます。

　不明確な点を確認する場合は、上記赤字箇所のように「クッション言葉」を使うと良いでしょう。

第2ステップは問題を明確に把握する段階

お客様の言わんとしていることがわかりづらいとき

⬇

質問を繰り返して問題点を浮き彫りにしていく

【フィードバック】お客様の話のなかで、ポイントとなる部分を
繰り返し質問する

〇〇ということでしょうか

確認、お願いの際は、「クッション言葉」＋依頼形に

【よく使われるクッション言葉をはさんで質問、依頼する】

お差し支えなければ
→「状況を詳しく
お伺いできますか」

恐れ入りますが →「お申し
込みいただいた日にちをご
確認いただけますか」

失礼ですが
→「ご年齢を伺っても
よろしいですか」

申し訳ございませんが
→「もう一度お名前を
お伺いできますか」

お手数ですが
→「お手元の製品を着払いで
送っていただくことは
できますか」

念のために →「ご連絡
先の電話番号とご住所を
お伺いできますか」

　一覧にあげたクッション言葉は、クレーム対応ではもちろん、さまざまなビジネスシーンで使われます。

　一言、「失礼ですが」「お差し支えなければ」と、クッション言葉を添えるだけで、柔らかい印象となって、会話に角が立つこともなく、意図を伝えることができます。

　お客様に確認をお願いするような場合も、「お手数ですが、〇〇をご確認いただけますでしょうか」と、クッション言葉＋依頼形で丁寧にお願いすると気持ちが伝わり、受け入れてもらいやすくなります。

聞くことに専念してお客様の気持ちの"助け"となる

◉お客様は２種類の問題を抱えていることを意識する

クレーム対応の第１ステップは、お客様の話を引き出す段階です。

「頭が真っ白になって言葉が出ない」という方がいますが、ここではうまく話してお客様をなだめようとしなくても構いません。話すのはお客様の方で、対応者は聞き役に回ります。

そもそも、クレームを言うお客様が抱えているのは、「事実に関する問題」だけではありません。不愉快な思いをさせられたという「感情的な問題」も抱えています。

第１ステップはこの感情問題をケアするときで、対応者が前向きに聞く姿勢を示すことで、お客様の不満は軽減されます。

ところが、気持ちを軽視して解決を急ぐと、お客様の不満は消化不良を起こします。「こっちは困っているっていうのに感じが悪い」とマイナスイメージが強まるのです。

また、話の途中で、「でも、それは」「今までそのようなことはなかった」などと反論されると、話を否定されたように受け取ってしまい、感情的になって話が長引いていきます。

これしかないという解決策を示そうとしても、お客様がなかなか聞いてくれないのは、解決策が適切か否かではなく、それ以前の感情問題を軽視されたからです。

◉全力で聞けば意外と早く進む

「すべて吐き出してもらうまで聞くのか」と、とうんざりするかもしれませんが、真摯に受け止めてくれる人に対して怒り続けるのは難しい

クレームを言うお客様の抱えている問題

①事実に関する問題

▶（不本意な事態を早く解決してほしい）

②感情的な問題

▶（あなたの会社のせいでこんな
不愉快な気持ちにさせられた）
（大事な時間を無駄にされて、
どうしてくれるのか）

「感情的な問題」を解消しないと、
「事実に関する問題」の解決策を受け入れてもらいにくくなる

②を無視、軽視するとお客様は
ジレンマに陥る。

「早く解決してもらいたいけど、
それだけで済む話じゃない、
気持ちの問題はどうなるの」

①の解決に向けて、まずは
傾聴に専念する

「ちゃんと対応してくれそうだ」
→ お客様の不満が軽減されて、
話が早く進む

　もの。一般のお客様であれば、話すことがなくなると怒りもトーンダウ
ンします。

　話を一生懸命聞くことで早く進むと信じて、耳を傾けましょう。前ペ
ージで紹介したあいづちや表情でも聞く姿勢を示しながら傾聴すれば、
意外と早く怒りが沈静化していくはずです。

　こうしてひとまずお客様と良好な信頼関係が築けたら、事実問題を明
確にしていく第2ステップへと進みます。

お客様の思い込みや勘違いでも心情に近づいて共感する

◉お客様は「わかってもらえない」ことにもいらだつ

クレームのなかには、お客様の思い込みや勘違いによるものも多くあります。

たとえば、2021年以降は、ATMや窓口で小銭を入金する場合に、枚数に上限があったり、手数料が必要な金融機関も増えていますが、ご存知ないお客様もいらっしゃいます。

たとえATMの画面でその旨が表示されていたとしても、「なんで入金できないのか」とお怒りのお客様に対しては、気分を害したことへの謝罪が必要です。

「画面でご案内しているように、ATMでは50枚までしかご入金できません」「以前から決まっております」などと対応すると、お客様に恥をかかせることになるからです。

「ご案内が行き届かず失礼いたしました」と謝罪し、上限の枚数内なら手数料は不要なことを説明しながらご了承をお願いすれば、お客様も冷静な状態に戻るはずです。

それぞれ事情があるなかで、もし自分が「決まりごとです」と事務的な対応をされたらどう思うかを考えて対応しましょう。

◉そもそもクレームは対応者に向けられるものではない

クレーム対応では、相手の勘違いであっても、一旦、その心情に近づくことが解決への道筋になります。

非があるのは相手の方なのに共感できないという場合は、仕事と自分を切り離して考えてみましょう。

第2ステップで求められる能力

▶いま起きている問題を明確にするための「聴く力（傾聴力）」

▶お客様の心情に近づいて理解する「共感力」

お客様に恥をかかせない

なんで入金するのにお金を取られるんだ

前までそんな規制はなかっただろう

悪い例

預金してもらって手数料を取るなんて

ご存知ありませんでしたか？
随分前から決まっておりまして、ATMの
画面でもご案内しております

（お客様を見下した
ような言い方）

何だ、その言い方は！

と、怒りを追加することになる

▶「時間がないなか、来られたのかも」
　「せっかく来たのに、入金できないと腹が立つのもわかる」
　・・・・状況を俯瞰して見れば、相手の心情に近づき、
　共感できるようになる

　そもそもクレームは起こってしまった問題や、その対応姿勢に向けられるものであって、あなた自身に向けられるものではありません。

　対応するのはあくまで仕事であり、組織の問題や仕事が改善して苦情が減るためのヒントになるとすれば、見方も変わってくるはずです。

　つまり、必要なのはちょっと俯瞰した視点です。

　仕事と自分自身の距離を置いてみれば、冷静になって、お客様の心情を理解できるようになります。

お客様の気落ちをフィードバックして上級の聞き手になる

●マジックフレーズはフィードバックすることで生きてくる

「聞き上手」という言葉は、ただ相手の話を聞くことではなく、心を受け止めることです。

気持ちを感じ取ろうと心がけると、自然と態度や表情にもその姿勢が表れるものですが、クレーム対応の場合は、よりはっきりと"前向きな姿勢"を示すことが大切です。

「おっしゃる通りでございます」「ご事情お察しします」「お怒りはごもっともです」と、気持ちを察し、理解していることを言葉にして伝えましょう。

これらの「共感の言葉」は、お客様の怒りをクールダウンさせる効果もあります。

ただし、同じ言葉を繰り返して使うとマニュアル的に聞こえがちです。心ない印象を与えないように、お客様の心情にも触れてフィードバックするよう心がけましょう。

●お客様が興奮状態でも冷静に理解を示す

「共感＋フィードバック」によって、お客様の問題を受け止めているという表明ができるだけでなく、謝罪の言葉も生きてきます。

わかりやすいように事例をあげましょう。

お客様：「何かっていうと決まりだとか、ルールとかいうけど、そちらの都合でしょう？こっちは素人だから法律なんてよく知らないし、わか

聞き上手とは

ただ相手の話を聞くことではなく相手の気持ちを受容すること

▼

耳+目+心を駆使してお客様の心を感じ取ろうという姿勢が大事
受け止めていることを言葉と態度(あいづち)で表す

共感＋フィードバック＋共感の例

お客様の言葉の繰り返し(フィードバック)の前後に共感の言葉

「たしかに〇〇でした。
おっしゃるように、〇〇と申しておりました。
ご指摘ごもっともでございます」

＋
謝罪の言葉を添える

「お詫び申し上げます」

※お客様の発言に妥当性がある場合に使う

るように説明してくれないと」

対応者:「**たしかに、**お客様のことを考えず、こちらの事情ばかりを申し上げておりました。決まり、決まりと不愉快ですよね、ご指摘はごもっともです。説明が不行き届きであったことをお詫び申し上げます」

　この「共感＋フィードバック＋共感」は、お客様の発言に一般的な妥当性がある場合効果的な用法です。お客様の勘違いや悪質性のあるクレームに用いると、相手を賛同することになりかねないので気をつけましょう。

怒りの原因はさまざまで複雑なものです。お客様の心情に近づいて共感、謝罪をしても、なぜか怒りが収まらない場合があります。

　たとえば、誰しもアクシデントが重なる日があり、そのとどめに数カ月待ちの店の予約が店員のミスで取れていない、なんてことがあったらもう限界、理性が利かなくなって爆発することもあるでしょう。

　怒りが発生する前には不満や不愉快、理不尽な鬱屈などさまざまな感情が渦巻いています。たまたまその口火を切ってクレーム対応することになった対応者も不運と言えますが、見方を変えれば、コントロールできなくなった感情を受け止め、レスキューできるのは対応者だけ。怒りの火の粉を消してあげられるのはあなたです。

　不満がたまった末のクレームの場合、コレさえ言えばという決め言葉はありませんが、気の毒な状況を理解して伝えることはできます。

　お客様も、たまった怒りを丁寧に受け止めてくれれば、「こちらも言いすぎた」と納得してくれるものです。

　ここでは、怒りで興奮したお客様が投げかけてくる難題をあげました。回答例を参考にして、自分ならどう受け止めるかを考えてみてください。

◉お客様のこんな言葉、どう受け止める？

1 ○○銀行の方が、ちゃんと対応してくれたわよ。

2 電話で聞いたときは、身分証明を持って来いなんて言われなかった。

3 窓口の人じゃ話にならない、上の人に代わって。

4 私がウソを言ってると思ってるみたいな言い方ね、気分悪い！

5 うちはずっとおたくのファンだったのに、もう信用できない。

6 いまごろになって謝られても、もうどうしようもないんだけど。

7 おたくとはもう取引できない、口座を引き上げる！

8 結局そっちのルールばかり押し付けてるじゃない、ひどい会社だよね。

9 商品の製造はメーカーっていうけど、扱ってるあんたの会社にも責任はあるよね。人ごとみたいに言うのはおかしいでしょう。

10 ほんと頼りないよね、この仕事向いてないんじゃない？

●角が立たない模範回答例

1 私どもの対応が行き届かずにお客様の信頼を損ねることになってしまったこと、お詫びいたします。

2 手続きに際して必要書類の説明不足がありましたこと、ご指摘の通りでございます。

3 私の説明でご理解いただけず、ご迷惑をおかけいたしました。

4 私の発言でお客様を不愉快なお気持ちにさせてしまったことをお詫びします。

5 お客様の信頼を裏切る形となり、お詫びの言葉もございません。

6 失礼な対応をしてしまったのですから、お客様にすぐご理解いただけるとは思っておりません。

7 お客様にそこまで不信感を与えてしまった以上、私どもがいまさら謝って済むとは思っておりません。

8 たしかに、お客様の立場に立ってお話させていただくべきところ、配慮が足りない点もあり、大変失礼いたしました。

9 たしかに、お客様のおっしゃる通り、私どもが販売している以上は責任を持って適切な説明をするのは当然のことでございます。

10 至らなかった点を反省し、お客様の信頼を得られるよう努力いたします。ご指摘をありがとうございました。

さまざまなケースに対応できるよう、日頃から共感や謝罪の語彙力を増やしておきましょう。

2 8 興奮状態にあるお客様には 謝罪の3段活用で クールダウンをはかる

◉お客様から肯定の言葉を引き出す

誰しもイライラすると、余裕がなくなります。トラブルを抱えたお客様はなおさらのこと。前述した「フィードバック」「謝罪」「共感」の話法を活用しても聞き入れてくれないほどお怒りの場合は、単純な言葉では対応しきれず苦労します。

たとえば、すみません、申し訳ございません、とひたすら謝ると、「それしか言うことないの？」とはね返されます。「なるほど」「たしかに」という単純な言葉を繰り返すと、いい加減な対応だと怒りが増すことに。

このように興奮状態にあるお客様の場合は、現在・過去・未来の3段階の視点で細やかに共感、謝罪していくのがオススメです。

以下の例で見ていきましょう。

：このたびはサービスがいたらず、誠に申し訳ございませんでした。

：**本当よ、忙しいなか来たのに、**散々待たされて一日無駄になって、どうしてくれるのよ。

：**お忙しいところ、お時間を割いてご来店いただきました**のに、ご期待に添えられず、ご迷惑をおかけしました。

：**ほんと迷惑したわ、仕事の合間をぬって、**わざわざ来たっていうのに。

：ご不快な思いだけでなく、**お仕事の合間にご面倒までおかけすることになって、**大変恐縮でございます。

：**まったくそうよ。**でも、そうやって丁寧に謝ってくれると……。私もカッとなってしまったし。これからは気をつけてもらえれば〜〜。

お詫びの3段活用の例

第1段階

▶現状に対して

このたびはお急ぎのところ大変お待たせして、ご迷惑をおかけしております

今回は私どもの不手際で申し訳ございませんでした

第2段階

▶過去の経緯に対して

日頃からこのようなことがないよう心がけておりますが、不本意ながらこのようにご迷惑をおかけする結果となり、深く反省しております

常にメンテナンスは徹底しておりますが、今回は私どもの管理不行き届きによるトラブルと、深く反省しております

第3段階

▶未来に対して

お急ぎのところ、再度お時間をちょうだいすることになるのですが、一旦、私どもで調査させていただけませんでしょうか。

今後お客様にご迷惑をおかけすることのないよう、これまで以上に注意いたします。

※謝罪の3段活用のためには
・お客様の話を注意深く聞いて共感、フィードバックする
・謝罪の言葉の語彙を増やす

　上記では、現在、過去、未来のそれぞれで、お客様の窮状を察する言葉を投げかけています。(**赤字箇所**)

　その瞬間、お客様の心情には、「わかってくれている」という安心感が生まれ、「ほんと迷惑した」と、同意を得られるのです。(**太字箇所**)

　つまり、共通理解が得られたということ。対応者との間に共感性が生まれると、否定的だったお客様の気持ちも肯定的に変わっていきます。

第2ステップから第3ステップへの移行

名前を呼びかけて
解決に移っていくことを
におわせる

お客様の抱える問題を把握する第2ステップから、解決策を提示する第3ステップへ。タイミングを見逃さずに切り替えをはかります。

◉「そろそろ……」と、お客様に話を進めることを打診する

「誠意はわかったので、話を進めてくれる?」と、言い出してくれるお客様は滅多にいません。

怒りを引きずっているお客様は同じ話を蒸し返すことが多く、言葉や切り口を変えながら謝罪、共感を繰り返していきますが、タイミングを見計らってあなたの方から解決策を切り出していく必要があります。

では、どのタイミングか。

お客様が話をすべて吐き出し、一息ついたところがチャンスです。

すかさず、「お客様」あるいは「〇〇様」と呼びかけて、話を切り出しましょう。

言い淀んだり、お客様が何か言い出すのを待っていると、また話が戻ってしまい、なかなか先へと進めないので、間を置かずに切り替えるのがポイントです。

◉名前を呼びかけられると、お客様の意識が変わる

改まって名前を呼ばれると、お客様は反射的に、対応者の話に耳を傾ける態勢に入ります。

長々と苦情を訴えていたお客様でも、一方では早く解決するのを望んでいます。

第2ステップ→第3ステップへの移行

適切な謝罪・共感で自分の気持ちを伝え終わったところで、
「○○様」と名前で呼びかけるとメッセージ性が高まり効果的

声のトーン、表情を切り替える

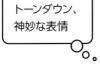

第2ステップまで

> トーンダウン、
> 神妙な表情

第3ステップからは

> トーンアップ
> 自信を感じさせる表情

▶お客様の解決への期待感が高まる

> わざとらしい切り替えにならないようにするためにも
> 名前の呼びかけがポイントになる

　一通り不満を吐き出してもらったら、「○○様」「今後の対応についてですが〜〜」と切り替えて、テンポよく展開していきましょう。

　第2ステップではお客様の心情や立場に配慮して、対応者は神妙な表情で、トーンダウンした声で共感、謝罪を伝えますが、「○○様」という切り替えた時点から声のトーンをやや上げていきましょう。

　視線は一度お客様のお顔に移すなどして、きっぱりした表情に切り替えます。自信を持って話す方が納得してもらいやすくなり、お客様の方でも解決への期待感が高まっていきます。

第3ステップの心得とスキル①
話にならない、と言われないためにゴールに向けて誘導していくための話法

　企業にはそれぞれルールがあるため、お客様の要望を100％受け入れられないケースが多くあります。

　ただ、一方的な物言いをすると、「決め付け」や「押し付け」と受け取られがち。規則や規制を盾にすると反発を買います。

　そこで第3ステップでは、歩み寄りを促しながら理解、協力をお願いして、解決へとスムーズに誘導していきます。

●語尾は「言い切り型」ではなく「依頼形」に

　法令やルールをお守りいただくのは大切なことですが、伝え方には気を配るべきです。お客様に「押し付けられている」と思われないよう、会話展開のコツを身につけましょう。

　まず、第3ステップへ移行するときは、名前を呼びかけて切り替えをはかります。そして、「次の話をさせていただいても構いませんか」と、解決策を出して良いかどうか了承を得ることが大切です。

　人は一旦、肯定の言葉を口にすると、相手を受け入れようという気持ちが働いて、話を聞こうという態勢になるもの。お客様を尊重しながら依頼する形でお願いすると、「仕方ないから聞き入れようか」と、先への展開を受け入れてもらいやすくなります。

　解決策の内容はもちろんですが、この依頼形の切り出し方がとても重要なポイントです。

●了承を得られない場合は辛抱強く

　了承を得る際はお客様の顔を見ること。真剣に伝えることで、依頼形

ゴールへ誘導は「依頼形」の話法で

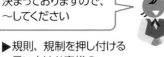　決まっておりますので、
〜してください

　ご了承いただけ
ないでしょうか

▶規則、規制を押し付ける
　言い方はお客様の
　反発心、抵抗感を生む

▶お願いする形でお客様の
　プライドを守る

お客様の目を見て、しっかりと伝える

▶お客様の問題を解決しようとしている
　意思を伝える

解決策提案の了承を得てから、先へと進む

わかったよ　

というお客様の肯定の言葉を受け取ってから、

　ありがとうございます

と感謝して、解決策の提案へと話を進める

であっても、「問題を解決したい」という気持ちが伝わります。

　すんなり「わかった」という言葉が帰ってこないとき、あるいは、「まだ話は終わっていない」などと言われたら、無理に進めるのではなく、お客様の話をすべて聞きましょう。

　「ああ、もうやっていられない」という程度の言葉なら、「了承」のサインです。納得はしていないけど仕方がないという解決策提案を受け止める意思表示と受け止めて、「ありがとうございます」とお客様に感謝しましょう。

こじれた場合は「三変処理」で
お客様との関係を再構築する

いくら誠意を示しても話が進まないなど状況がこじれた場合には、お客様との関係を再構築する「三変処理」という方法があります。

①人を変える

対応者を上役に変えることを「エスカレーション」と呼びます。

何を言っても、どんなに謝罪しようとしてもお客様の気にさわって、あなたの誠意にさえ抵抗されるときは、無理をせず、上司に助けを求めましょう。

お客様には、「少々お待ちください」と断って、担当が変わる旨を伝えます。バトンタッチは速やかにすること。

上司が出てきただけで冷静さを取り戻し、同じ解決策でも納得してもらえることも少なくありません。

ただし、自分がミスで発生したクレームの場合は、責任として同席し、上司とお客様のやり取りをきちんと見て学びましょう。

②場所を変える

カウンター窓口など正面に向き合って対応すると緊張感が増し、対立関係が生まれやすくなります。こんなときは応接室などに場所を変え、落ち着いてもらうのもひとつの方法です。

お客様には場所を変えて改めてお話ししたい旨を打診します。

ただし、別室に通すと要求が通るまで居座られる場合もあるので要注意。場所を変える際は独自で判断せず、必ず上司に相談しましょう。

クレームを長引かせないよう「三変処理」を活用

① 人を変える

▶一般職→管理職、　若手→ベテラン

② 場所を変える

▶カウンターから応接室などの別室へ
　（難クレームの場合は、別室に通す際は
　注意が必要）
　（必ず上司に相談してから場所を変える）

③ 時間を変える

▶ある程度時間を置くことで、お客様の怒りがクールダウンする

> いずれの場合も、対応を変えることをお客様に
> 打診し、了承を得てから進める。

③時間を変える

　対応が営業時間外に及ぶなど長引く場合は、その場ですべて済まそうとせず、一旦会話を終了して仕切り直します。この場合は、必ず、いつ、どのように連絡するか、きちんと日時と連絡方法を伝えます。

第3ステップの心得とスキル③
何言ってるのかわからない、と言われないために解決策の提案はシンプルに、わかりやすく

クレーム対応の最終段階は、こちらが提案する解決策へとお客様を誘導することです。自分たちにはわかりきった内容でも、一般のお客様にとってはなじみのない言葉があるかもしれません。

新たな情報でお客様が混乱して、また振り出しに戻ることのないように、明確な言葉で伝えましょう。

わかりやすく説明するためのポイントは、「時間を明確に」「結論を先に出す」「数を強調する」という3点です。

①時間や担当者名を明確にする

お客様の多くは解決を急いでいます。「すぐに」「のちほど」「大至急」などのあいまいな表現は、受け手によって時間差が生まれる可能性があるので避けること。「5分ほど」「30分後」というように、具体的な所要時間を明確に示しましょう。

また「担当の者より〜」ではなく「古谷からご連絡を致します」と名前を明確にします。

②結論を先に出す

お客様が聞きたいのは、長々とした説明ではありません。自分の要望がどれだけ聞き入れられるかどうかです。イエスかノーか、AかBかの結論は後回しにせずに、早めに提示しましょう。

お客様の期待するところと提案がかけ離れている場合は、その理由をきちんと説明できるようにしておきましょう。

解決提案時の話し方のポイント

①時間を明確にする

> 5分ほどご説明させていただきたいのですが、お時間はよろしいでしょうか

②結論は先に（早めに）出す

▶イエスかノーか
先に答えを出して、理由を説明する

Yes or **No**

③ポイントの数を強調する

> 1点、ご提案したいことがあるのですが

> 提案も説明も、短くまとめて、具体的にわかりやすく話すことが大切です。

③数を強調する

数字は記憶に残りやすく、メッセージ性を高めてくれるものです。

「ポイントは3つあります」などと、最初に数字を提示すると聞く態勢をとってもらいやすくなります。

解決策が1つだけでも「ぜひ1点、ご提案したいことがあります」と強調すると良いでしょう。

対応できない無理難題のクレームは線引きして対応を打ち切る

◉3つのステップでも納得してもらえない場合の対応

これまで紹介した第1から第3ステップに沿って対応していくと、おおむね8割のお客様は不本意であっても納得してくれるでしょう。

問題は残る2割のお客様で、なかには、初めから苦情を申し立てること自体が目的であったり、悪意を持って権利を主張し、無理難題を突きつけてくる人もいます。

いわゆる悪質クレーマーで、ハラスメントともいうべき嫌がらせは社会問題にもなっています。

詳しい対処法については、チャプター4で解説しますが、こういったクレームに対してどこまで対応し、どこで打ち切るかは、明確な基準を決めておくことが重要です。

◉窓口対応者が覚えておきたい対応を打ち切る際の話法

対応者だけでなく上司の手にも負えない、または明らかにコンプライアンスに反した理不尽な対応を求めるお客様は時間の無駄であり、担当者の精神的負担が大きいので、お引き取りいただきます。

対応を打ち切る"最後通告"を伝えるのは大変難しいもの。対応者のストレスを減らすためにも、お客様を尊重した言い回しをいくつか用意し、いざというときに備えておきましょう。

最後通告の言い回し例

①「お客様、このまま同じようなご要望であれば、私どもはお客様にご迷惑をおかけするといけませんので、これ以上お受けすることはいたしかねます」

クレーム対応3つのプロセス　おさらい

3つのステップを適切に踏めば 約8割のお客様は納得してくれる

第1ステップ
（リレーション構築）

▶

第2ステップ
（フォーカシング）

▶

第3ステップ
（ゴールへの誘導）

お客様に
信頼してもらう

問題点を
明らかにする

解決策の
ご提案

無理難題を言うお客への最終話法

▶お客様を尊重し、「恥をかいた」と思われないための言い方を
組織として用意しておく

・"お客様にご迷惑はかけられない"と話す
・会社の責任として、対応のラインを超えていると伝える
・"ご納得いただけないようなので"、と対応の仕方がないことを伝える

②「会社の責任としてお話ししました対応でご納得いただけないのであ
れば、こちらとしてもこのさき、お話しができかねます」

③「お客様、お時間をかけて説明させていただきましたが、ご納得いた
だけないようであれば、こちらもこれ以上お客様のお時間をちょうだ
いするわけにはいきませんので、お話しはこれまでとさせていただき
ます」

「聴く力（傾聴力）」を身につける

　クレーム対応では、まずお客様の言葉をしっかり受け止め、困っている状況、問題発生の経緯、そしてご要望を明確に聞き出します。聞き上手になるには語彙を増やし、会話のスキルを磨いていきましょう。

　「傾聴力（聴く力）」の要素は下図のように５段階構造になっています。上へいくほどお客様との距離感が縮まりますが、完全に共感し感情移入してしまうと冷静な判断ができなくなります。クレーム対応は仕事であって、「共感」と「賛成」は別物であることも頭に入れておきましょう。

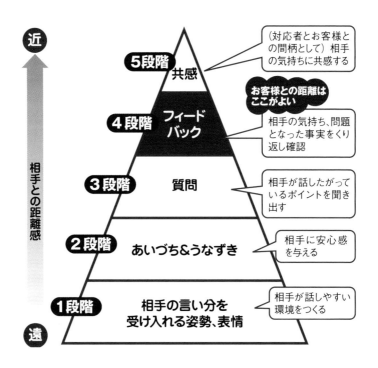

Chapter 3

クレーム対応でのタブー＆
お客様タイプ別応答心得

クレーム対応を"技術の問題"としてとらえ、
３つのステップに落とし込んで考えるようにすれば、
精神的にうんと楽になります。
駆け足でクレーム問題の流れを説明してきましたが、
ここでクレーム対応での"タブー"を整理したうえで、
お客様のタイプ別応答心得に入ります。

クレームに慣れて
「いつものこと」と思ってしまう

●経験を積むほどクレームに慣れて、感覚が麻痺する

お客様相談窓口にいると、小さなクレームは日常的なことでしょう。コールセンターで1人が1日50件の電話に出るとして、そのうち1割がクレームだとすると、週5日で35件にもなります。慣れないうちは緊張感を持って対応していても、経験を積むうちに、「またか」と、クレーム慣れするのも無理のないことかもしれません。

経験を積むと事例を参考に対応でき、過分な緊張をしないでも済みます。けれど、なかには、怒っているお客様には真剣に対応しても、口調が穏やかだったり、高額な商品でない場合は、対応がおろそかになる人がいます。

お客様の態度によって聞き流したり、後回しにするのは絶対にあってはいけないことです。組織にとってはよくある問題でも、お客様には初めての問題であることを忘れないようにすべきです。

ひとつの気の緩みから顧客対応の悪さが悪評となり、企業の不祥事として問題化したケースも数多くあります。

また、今日のようなSNS社会では、瞬時に噂が広がり、一度信用に傷がつけば当事者でない顧客からも見放されてしまいます。

●クレーム対応にその場しのぎは厳禁

クレーム対応は迅速が鉄則。対応が速いほどお客様の戻ってくる率が高まり、対応が良ければ顧客化する割合も高まります。問題の大小にかかわらず、迅速、確実に対応することがトラブルを防ぐのにもっとも確実な方法です。

クレームの軽視はトラブルのもと

経験を積むほど、「馴化（じゅんか）」が起こる
【馴化】とは・・・何度か経験することで、同じ経験に鈍感になること
（＝慣れ・馴れ）

馴れは人間の自然な反応である

とはいえ
・お客様の態度によって対応の仕方を変える
・早く解決しようと、その場しのぎの即答や安請け合いは
　トラブルのもと

〈組織の役割〉
【馴化】を防ぐためにも、定期的にケーススタディの
機会を設ける
新たな刺激によって脳を活性化し、【脱馴化】と
スキルアップをはかる

　とはいえ、いくら急いでいてもその場しのぎの対応や安請け合いは厳禁です。かえってトラブルを長引かせることになります。

　クレームはリカバリーすることで、失った信用を取り戻すことができるだけでなく、誠実な対応に感謝されることもあります。お客様が喜んでくれることがクレーム対応の救いにもなるのです。

　経験を重ねて対応をおろそかにしないためにも、組織的に対応研修の機会を設けて、気持ちも、スキルにも磨きをかけると良いでしょう。

お客様につられて
つい自分もカッとなってしまう

◉お客様をやり込めたら、爽快どころかゴールが遠のく

お客様から感情的な言葉が出てくると、反射的に感情的になってしまうことがあります。

たしかに怒りは人間の自然な感情なのですが、対応する側が冷静さを失ったら、お客様の怒りをクールダウンさせることは到底できません。

お客様の勘違いからくるクレームであっても、表情に出したり、お客様の問題点を言葉にしてしまうと、ギクシャクした空気となってお客様の居心地が悪くなり、結果的に対応時間も長引きます。

また、一度お客様に対して「面倒な人」「嫌なお客」というマイナスイメージを抱いてしまうと、その思い込みに邪魔をされて、お客様の話のなかにある問題の本質を把握できなくなります。

実際に、窓口対応者がマイナスイメージからお客様を「金銭要求で暴言を吐くクレーマー」と、2次対応者と上司に報告してしまい、さらに深刻化して、訴訟問題にまで発展した企業もあります。

このようにクレーム対応に怒りの感情を持ち込んでしまうと、解決の妨げになるだけ。良いことはひとつもないのです。

◉メモに目を落として、さりげなく6秒息を吐く

自分の一言が会社を揺るがす恐れもある、と冷静になるべきことは、窓口対応者ならわかっていることでしょう。

それでも怒りがじんわりと押し寄せたら、一瞬、お客様から目を離して、手元の資料やメモを見てみましょう。

時間はわずか6秒、静かに息を吐きます。

お客様と対決するような応答は禁物

いまの言い方は何なの？
失礼じゃない

BAD

GOOD

お気にさわる発言がありましたらお詫び申し上げますが、そもそもお客様のおっしゃることに無理があるように思われるのですが

大変失礼いたしました。お気にさわる表現がございましたこと、お詫びいたします

（頭を下げて6秒、息を吐く）

引き継ぎ時にマイナスイメージを植えつける発言や主観的な意見は排除する

BAD

GOOD

言ってることが無茶苦茶なんですよねえ

なんだか変なお客さんなんです

2次担当者や上司に、お客様の言い分、お怒りの様子とともに、自分がどう対応したかもあわせて報告する

（2次担当者が「変なお客」「面倒なお客」として対応してしまう）

　アンガーマネジメントでもよく言われるように、怒りのピークは6秒間で、その後は理性を介入させることができます。

　お客様の目の前で深呼吸して、ため息をついているように思われるといけませんので、気づかれないようそっと息を吐くこと。メモを確認しながら、気持ちをクールダウンさせます。落ち着くことが解決への早道と心得て、6秒クールダウンを試してみてください。

3 担当は私ではないと 問題解決より犯人捜しをする

●お客様にとっては、誰が担当なのかは関係ない

自分のミスではないクレームの対応でお叱りを受けると、「自分は悪くないのに」という意識が芽生えがちです。

なかには「代わりに担当しているだけ」という傍観者的な気分になって、自分を正当化する逃げ言葉を使ってしまう人がいます。

あるケースでは、系列会社のミスを取引先から問いただされた営業担当者が、「弊社は直接担当しておりませんのでわかりかねます。関連会社で問題があったようでございまして」と返答。取引先にも関連会社にも不評を買いました。

クレームは組織の問題であり、お客様には担当者が誰で、責任は誰にあるのかといったことは関係ありません。

「担当外だからわからない」「担当者が不在で……」と応答は、責任逃れにしか聞こえず、そんな対応をする人間を窓口に置くのはどういう会社なのだと、一気に信頼を失う可能性もあります。

お客様にとって窓口は一つであり、最初に対応をした人間は組織の代表者です。誰がやったことであれ、対応したあなたが会社を代表してお詫びして、問題解決の姿勢を見せるべきです。

●組織的な対応ができない会社は、クレームで危機に 陥ることもある

クレームが発生すると、どこの部署の誰のミスなのかと、「犯人捜し」に躍起になる企業があります。

この本末転倒な動きはクレーム解決へのスピードを鈍らせるだけでな

お客様にとって窓口は一つ、あなたは会社の代表

私は担当外なので
よくわかりませんが

担当はただいま不在にしており、
わかりかねるのですが

▶お客様にとっては逃げ口上としか聞こえない
▶一気に会社への信頼を失う可能性もある

"犯人捜し"より問題解決を優先すべき

それは大変失礼しました。
私、窓口担当の○○と申します。
恐れ入りますが、いくつかご確認
をさせていただいてよろしいで
しょうか

く、"担当者の追及"という風土が社員の大きなストレスになります。
結果として、責任逃れという対応を生むとも言えます。

　責任の所在をはっきりさせることは、クレーム発生の原因を知る上で
も重要なことですが、まずはお客様の問題を解決してから、"再発防止"
の観点から取りかかるべきです。

　企業風土は組織の問題であり、窓口対応者レベルでの話ではありませ
んが、責任逃れは信用に関わること。窓口で逃げ口上が発生した場合
は、管理者が組織全体の問題として受け止め、改善をはかるべきです。

単調な謝罪で事務的 誠意が感じられない対応

●誠意は伝えないと伝わらない

　クレームに苦手意識がある人は、お客様を怒らせたくない、あるいは早く終わらせたいという気持ちが先行してしまい、誠意の感じられない対応をしがちです。

　たとえば、「すみません」「申し訳ありません」という単調な言葉でひたすら謝るだけだと、時間を要するだけでお客様の怒りを解消することはできません。

　また、怒っているお客様に対して、冷静すぎる振る舞いも NG です。もちろん気持ちは冷静でいなければいけませんが、淡々とした態度だと、「こっちがこんなに大変なのにわかってるのか！」と、もどかしく思われます。

　お客様が勘違いをしているからといって、正しい情報を伝えて"あげよう"を思うのも大きな間違いです。怒っているときに理屈を言われても、「こっちの立場を考えていない」と思われるだけで、気持ちが伝わらないからです。

　「でも」「ですが」という否定形は、お客様が怒っていたり、理論的であるほど避けるべき言葉です。プライドを傷つけられたお客様は怒りが増して、ますます事態がこじれていきます。

●いつもこちらの気持ちが伝わるとは限らない

　人は感情的になればなるほど、主観的になってしまいます。

　冷静さを失っているお客様には、こちらの話が思うように伝らないと思っておいた方が良いでしょう。

クレームで感情的になっているお客様には

・理屈や正論を述べても話がこじれるだけ
・こちらの話したように伝わっているとは限らない

話が伝わり、「誠意がある」と、
感じてもらえるスキルを身につける

クレームに苦手意識がある人は発想を"良いように"変えてみる

サービスのいたらなさを指摘された

▶クレームを減らすことができるサービスのための貴重な情報

期待はずれと言われる

▶自分では気づかない改善課題が見つかった

お客様の対応に予想外の時間がかかってしまった

▶満足してもらえるコミュニケーションができた

お客様を怒らせ、上司に対応を引き継いでもらった

▶スキルを学ぶチャンス、今後は怒られずに済む

　そもそもお客様は「こう対応してほしい」という自分の望む答えを期待して聞きますから、自分の都合の良いように解釈してしまうのです。

　また、正論だからといって納得してくれるわけでもありません。それどころか、正論が過ぎるとさらに意固地になってしまうこともあります。

　このように、クレームのお客様とは、こちらが望むようには受け取ってくれないものです。相手の感情に響くようなスキルを磨くことで、クレームへの苦手意識は軽減できます。

クレーム問題は窓口任せ 部下からのヘルプにも動きが鈍い

◉クレームは現場だけの問題ではない

クレーム対応は現場の問題だと考えている管理者に会うともどかしい気持ちになります。

初期対応は確かに現場の仕事ですが、クレームがくるのは何らかの問題が発生している証拠です。

対応に失敗するのは現場の危機管理の欠如だけではなく、管理者の意識と判断も大きく関わっています。

確かにリモートワークや時短勤務など働き方の多様化が進んだことで、管理側への負担が増え、手が回らないほど忙しいという企業は多いでしょう。

とはいえ、ストレスのかかりがちな窓口対応を助け、いざというときは周囲や上司が守ってくれる環境がなければ、現場の社員は自信を持って対応できず、精神的負担が大きくなるばかり。お客様相談室の離職率が高いのは、管理職に問題がある場合も多いのです。

クレームは突然入ってくるもので、事前の備えと再発防止の対応策が必須です。組織全体で受け止める意識と姿勢こそがクレームに強くなるための秘訣です。

◉対応をルール化すれば、現場の対応が速くなる

クレームは問題発生を防ぐ大事な情報です。どんなクレームがあり、どう対応したかという報告及び情報共有を怠らないようにしましょう。

それらの資料を系統立ててみれば、どんなクレームが多いのかという自社の問題が浮き上がってくるはずです。

クレーム対応伝票の例

お客様情報

会社名・氏名	
住所	
電話番号	
メールアドレス	
発生年月日	

クレーム内容

クレーム内容	
お客様の要望	
事実確認	

クレーム対応経過

月・日	内容	対応者
/		
/		
/		

反省点・改善ポイント

　企業にもよりますが、クレームの傾向はだいたい決まっていて、上位3つから5つの対策を練っておけば、大半のクレームをカバーすることができます。

クレーム対応の NG ワード
お客様をいらだたせてしまう言葉に注意

●言葉づかいは気持ちの表れ

　自分では丁寧に話しているつもりでも、お客様の神経を逆なでしてしまう言葉があります。なぜ癪にさわるのかはお客様の立場になって考えてみれば理解できるはずですが、言葉づかいは習慣的なものなので、気をつけていないとうっかり出てしまうことも。以下に代表的な NG ワードをあげますので、クレーム対応のロールプレイングなどを行い、チェックしてみましょう。

●つい口にしてしまいがちな NG ワード

▽「いえいえ、お客様」「そうおっしゃっても」「でも」「しかし」

　お客様が勘違いしているときなどに使いがちな否定の言葉です。「たしかに」などのクッション言葉で一旦お客様の言葉を受け止める会話を試みましょう。

▽「だから」「ですから」

　肯定の接続詞も場面を間違えると、続く言葉が言い訳じみて聞こえます。

▽「それはですね」「あのですね」

　日常的に使いがちですが、妙な言い回しです。気が立っているお客様に使うと見下しているような印象を与えます。

▽「よくあることなのですが」

　自分の会社の不手際を"よくある"と開き直っているようなものです。

▽「ちょっと（お待ちください）」

　ビジネスの現場では「少々」と言い換えるべき

です。

▽「え？」「は？」

　とっさに出がちな言葉ですが、お客様に対しては失礼極まります。「失礼ですが、もう一度お願いできますか」などと丁寧に聞く習慣をつけましょう。

▽「え？そうなんですか」「確認させてください」

　お客様の発言を疑っているような表現で、お客様を不愉快にさせます。

▽「だと思います」「おそらく〜です」「ひょっとすると」「たぶん」

　あいまいで不明確な言葉は、お客様を不安にします。

▽「〜〜のときにお伝えしているはずですが」「〜〜に明記しておりますが」

　お客様に非があると言わんばかりの表現は、お客様に恥をかかせます。

▽「よろしかったでしょうか」

　過去形での確認の言い回しは誤った言い方。正しくは「よろしいでしょうか」です。

▽「はいはい」

　二度返事はいい加減に聞いているような印象を与え、失礼です。

▽「〜〜のほうは」

　指すものがひとつなのに、「のほう」は不要です。

▽「なるほど」「了解いたしました」

　いずれも目下に対して使う言葉で、お客様に対して使うのは不適切です。

▽「お時間よろしいですか」「（電話番号を）ちょうだいできますか」

　正しくは、「お時間をいただけますか」「（お電話番号を）教えていただけますか」です。

3 7 短気で怒りっぽいお客様に 切り返しや否定表現は NG

　ここからはよくあるお客様のタイプについて、「良い例」「悪い例」をあげながら、対応のポイントを解説します。

　まずは短気で怒りっぽいお客様からです。このタイプのお客様は、些細なことでも頭にきやすいので、切り返しの言葉や否定的な表現は禁物です。

悪い例

 ：ちょっと、もう10分以上待たされてるんだけど、どうなってるの？

 ：申し訳ございません。❶あと５分ほどで承れると思います。

　　　　（５分後）

 ：ちょっとまだ？　５分経ってるわよ。いつまで待たせる気？

 ：なにぶん金曜なもので、❷普段ならもっと早く対応させていただいているのですが。

 ：さっき５分って言ったじゃない。予約してきたのに、なんでこんなに待たされるのよ。すぐやって

 ：❸そう言われましても、ほかのお客様が長引いているようで時間がかかってしまって、❹今すぐと言われましても、ご覧のように皆さまお待ちいただいておりまして。すみません。

NGポイント

- ❶ 受付番号も確認せず、その場しのぎのあいまいな返答をしている
- ❷ ５分経っても案内できないことには答えず、ただの言い訳に聞こえる
- ❸ お客様の訴えを否定し、ほかのお客様のせいにしている
- ❹ お客様だけが理解していないと非難しているように聞こえる

良い例

 ：ちょっと、もう10分以上待たされてるんだけど、どうなってるの？

 ：❶10分ですか、長い間お待たせして恐れ入ります。❷○○番だとあと○分ほどでご案内できるかと思います。今しばらくお待ちいただけますか。

 ：まだ待つの？予約してきてるのに。急いでるんだけど。

 ：❸せっかくご予約いただきましたのに、❸お急ぎのところをお時間いただきまして、申し訳ございません。月末の金曜で、対応に時間がかかっている状況でして、ご迷惑をおかけしております。

 ：それはわかるけど、月末は混むんだったら、その日は窓口を増やすとかできないの？

 ：そうですね、ご指摘のようにお待たせすることのないよう、❹必ず上の者にも伝えまして検討してまいります。❺ご不快なところをご意見までいただきましてありがとうございます。

OKポイント

❶ 即座に適切な部分謝罪をしている

❷ 番号を確認した上で状況を伝え、依頼形で丁寧に了解を求めている

❸ お客様の怒りに共感を示し、適切に部分謝罪ができている

❹ 改善に向けて会社としての姿勢を示している

❺ 感謝の言葉で締めくくることで、誠実な印象を与えられる

応答の秘訣

「できません」などの否定表現は拒絶感を与える

お客様への「NO」は、「いたしかねます」「○○でしたらご案内できます」といった肯定表現を使う

お客様の対応別応答の心得②
話が長くてわかりにくいお客様には
フィードバックと質問で主導権を握る

　饒舌なお客様はとにかく話したいために、ただ聞いているだけだと話題が広がってしまい、延々と話が続きます。

　まずは話をさえぎらずに聞き、話の切れ目ですかさず呼びかけて、こちらのペースで話を進めるようにします。

悪い例

：こういう意見ってほかにもあるでしょ。最近ってそうなんだよね。

：❶はい？　ご意見でしょうか。

：グローバルっていうか、ユニバーサルっていうの？　おたくのサービス。

：❶はあ、❷私どもの。

：そうそう、ちゃんと聞いてる？　でも、商品は良くても使う側にはちょっと不親切だよね。

：❸使う側、でございますか。

：そう、わかるでしょ。説明書がわかりづらいんだよね。あなた、ちゃんと読んでる？　そもそもトリセツってどこがうまいか知ってる？

NGポイント

❶ 教えたがりのお客様の発言に押され、あいづちの反応しかできていない

❷ 言葉が途中で途切れ、お客様のペースに巻き込まれている

❸ お客様の話を広げてしまうような返答をしている

良い例

：こういう意見ってほかにもあるでしょ。最近ってそうなんだよね。

：ほかのお客様からのご意見でございますか、ご指導いただくことはございますが、❶今回は何かございましたか。

：商品は良いんだけどね、世界レベルっていうか。でも説明書がね、わかりにくくてさ。

（すかさず）

：❷ご評価をいただいてありがとうございます。説明書がわかりづらいということですね。ご不便をおかけしております。

：わかるちゃわかるけどね、僕は。一般的には、難しいかなって。

：ご意見をありがとうございます。❸〇〇様、❹具体的にはどの部分か、よろしければご指摘をいただけますか。今、お手元に説明書をお持ちでいらっしゃいますか。

：まぁ、今はないんだけど、ちょっと専門用語がね、多いかなと。

：専門用語について、でございますね。ご指摘の点については、❺最後のページに用語をまとめておりますが、よりわかりやすくするために担当部署に申し伝えます。貴重なご意見をありがとうございました。

🆗ポイント

❶ 主体的にお客様の発言を聞こうとしている
❷ フィードバックをともなった感謝や共感がタイムリーにできている
❸ 名前を呼びかけて、話の主導権の切り替えをはかっている
❹ 的確に提案している
❺ 今後の動きを具体的に申し伝えている

応答の秘訣

言葉をさえぎっている印象を与えないよう、お客様の言葉をこまめにフィードバックし、質問を繰り返しながら話をリードする

3 9 持論を主張しがちな お客様には共感話法で 受け止めることからスタート

持論を強く持っていたり、横柄なお客様は、意見を否定されたり、対抗されることを嫌います。「たしかに」「ごもっとも」といった相手の立場や意見を受容する言葉から始めて、きりの良いところで転換をはかります。

悪い例

：このオンラインの時代に、なんでまた店まで来ないといけないわけ？　困るんだよね、忙しいなか来てて、しかも、事前に予約を取らせてさ。お客の立場でちゃんと考えてる？

：**①あ、は、はい、申し訳ございません。**

：何に謝ってるわけ？　はい、だけじゃラチがあかないでしょ。だいたいそういう態度だから、サービス精神にかけるっていうか。お客様あっての商売でしょ。誰か話のわかる人いないの？

：**②すみません、書類はご本人様の確認がどうしても必要でしたので。**

：だからさ、こんな時代に呼びつけるわ、話が通じないわじゃ、こっちはやってられないわけ。

NGポイント

❶ どんなお客様でもオドオドした態度は禁物。とくに横柄なお客様は、対応者に解決能力がないと見ると口調がどんどんエスカレートしがち

❷ 持論に持論、または法律や規制等を盾にすると平行線になって議論が長引く

良い例

：このオンラインの時代に、なんでまた店まで来ないといけないわけ？　困るんだよね、忙しいなか来てて、しかも、事前に予約を取らせてさ。お客の立場でちゃんと考えてる？

：❶たしかにおっしゃることはもっともです。お忙しいなか、ご来店をお願いするようなお手間をおかけして、申し訳ございません。

：ほんとそうだよ。オンラインとか電話で済ませられないわけ？

：オンラインなどで対応できれば良いのかもしれませんが、❷なにぶん、今回はご本人様の署名など確認事項がございまして、ご足労いただいたこと、大変恐れ入ります。

：❸お客様、お忙しいとのことで、すぐに対応させていただきます。書類も用意できておりますので。

：ああそう、わかったよ、書類書類ってもう。仕方ないね。急いでお願いするよ。

：❹ご理解いただきありがとうございます。窓口にご案内いたします。

OKポイント

❶ お客様の正当性を受容し、適切な部分謝罪をしている
❷ 謝罪と依頼形で、必要性を適切に訴えている
❸ 呼びかけですぐに切り替えをはかって誘導している
❹ お客様の嫌味には反応せず、了承してもらったことに感謝を述べている

応答の秘訣

マジックフレーズや呼びかけで話の転換をはかりつつ、理解を求める依頼形に。提示を受け入れていただいたことへの言葉も忘れずに添える

3 10 おぼえておきたい さまざまなタイプの お客様への対応ポイント

●顧客意識が強いお客様

このタイプのお客様は特別感を重視するので、尊重する言葉を添えて丁重にお詫びを。引き続きご愛顧をお願いしつつ、努力姿勢も伝えます。

：ずっと気に入って来ていたし、周りにも紹介したのにがっかり。

：ご愛顧いただいておりましたのに、信頼を損なってしまい、お怒りごもっともです。心よりお詫び申し上げます。今後はこうしたことがないよう、スタッフ一同でミーティングの機会を設けまして～～

●データや根拠を求めるお客様

あいまいな説明では納得しないので、行き当たりばったりの説明にならないよう上司に相談、すぐに情報を開示せず、要点を完結にまとめて対応します。

：心がけではなく、どういう衛生管理なのかを知りたいのよ。一度マニュアルを見せてちょうだい。

：お客様の立場であれば衛生管理の取り組みをご覧になりたいのはよくわかります。上司とも相談しまして、改めて当社の取り組み姿勢について、立場ある者から説明させていただきます。

●コンプライアンスを無視して無理を言うお客様

相手より優位に立ちたい気持ちが強いので、主張を受け止め、指摘されたことへの感謝を伝えます。プライドを傷つけないよう注意します。

：こんな小さい字で専門的なことを書かれたら、みんなわからないわよ。

その他のタイプのお客様への対応ポイント

▼個人の嗜好や細かいことを指摘してくるお客様には・・・・

お客様の思いに共感し、多くのお客様に照準を合わせたサービスを提供しているなど企業姿勢をご理解いただくようお願いする。ご指摘の点は、貴重なご意見だと感謝の言葉で受け止める。

▼疑り深いお客様には・・・・

あいまいな説明は不信感を与えるだけ。お客様の納得につながる説明を、毅然とした態度と明確な言葉づかいで伝える。

▼博覧強記（物知り型）のお客様には・・・・

「お詳しいですね、勉強になります」と言うあいづちを打つのが効果的。

▼おとなしく、気の弱そうなお客様には・・・・

お客様のペースに合わせ、落ち着いた態度で接する。お客様が話しやすいように、イエス、ノーで答えやすいような質問を投げかける。

▼皮肉っぽいお客様には・・・・

皮肉のなかには何かしらの真実が隠れているもの。お客様の主張の正当性に共感し、会社としての解決策を伝える。

▼過度な期待のもと、効果が出ないと訴えるお客様には・・・・

使用価値に差が出がちな商品は、あらかじめ、基本的な応答のセリフを決めておく。担当者によって説明の違いなどが出ないよう注意する。

：たしかに、表記がわかりづらかったかもしれません。失礼いたしました。ご指摘いただき、ありがとうございました。

●負けん気の強いお客様

　規制を度外視した要求をするお客様に、「決まりごと」を真正面からぶつけるのはNG。「勝手ではございますが、私ども○○会社としては法令に従って業務を遂行しなければいけない立場でございまして」と、心苦しいながらもご理解いただけるように依頼形で協力を求めます。

窓口対応に相応しい言葉、不適切な言葉

GOOD	BAD
わたくし	自分
わたくしども	私たち
お客様	オタク　お客さん　あなた
弊社／当社	うちの会社
御社／貴社	おたくの会社　あなたの会社
どちら様	誰
こちら／そちら	ここ、これ、こっち／そっち、それ
本日	きょう
明日（みょうにち）	明日（明日）
先日	この前
先ほど	さっき
このたび	今度
のちほど	あとで
ございます	あります
さようでございます	そうです
よろしいでしょうか	いいですか
承知いたしました	了解です／わかりました
わかりかねます	わかりません
申し訳ございません	すみません
恐れ入りますが	すみませんが
いかがいたしましょうか	どうしますか
誠に	本当に
大変	すごく
少々	ちょっと

Chapter
4

悪質クレームから
社員を守るための対応と心得

窓口応対レベルでいえば、クレームは第3ステップの
「問題解決」で完結しますが、組織全体の問題として
第4のステップ（クレームに感謝する）、
第5のステップ（クレームをチャンスとして活かす）まで
考えた体制づくりに乗り出す企業が増えてきています。
クレーム・ノウハウが会社の財産となる時代なのです。

理不尽な要求や著しい迷惑行為は
お客様ではなくハラスメントである

◉カスハラ被害は世論を動かし、政府も動かした

　ここからは社会課題となりつつあるカスタマーハラスメント（カスハラ）から社員と組織をどう守るか、その対策と心得についてお話しします。

　消費者からの理不尽な要求や暴力、嫌がらせを指すカスハラ。この言葉が社会に浸透したのは2017年、労働組合同盟・UAゼンセンが公表した大規模な悪質クレームに関する実態調査からでした。

　5万を超えるアンケート結果では恐怖を覚えるような消費者の迷惑行為が明かされてメディアが注目し、世論となって国を動かしました。2019年に成立したパワハラ防止法ではカスハラも組み込まれ、2022年2月には厚生労働省がカスハラ対策のマニュアル等を配布しました。

　カスハラ客の振る舞いはネットを通じてたびたび話題となっていますが、表に出てこない事例が毎日のように発生しています。

　厚労省の2020年の調査によると、相談件数の多かった「パワハラ」「セクハラ」「カスハラ」のうち、カスハラのみが増加傾向に。UAゼンセンの2020年調査でも、迷惑行為に遭ったと答えた人は56.7％、迷惑行為が「増えている」と回答した人は46.5％と半数近くに及んでいます。

　コロナ以降のストレス社会でカスハラ行為はさらに増加していますが、カスハラ対策に動きだした企業はまだ少ないのが現状です。

◉脅迫や暴力行為は苦情相談ではなく犯罪である

　相手が不快に感じればハラスメントは成立するものの、カスハラの場合は企業によって受け取り方がさまざまで、「これはカスハラ」という定義付けも企業任せです。けれど、「バカ野郎」「クビにさせるぞ」といっ

カスタマーハラスメントの特徴例

・商品、サービスの代金よりも高額な賠償を要求する

・自らの過失を隠したり捏造して、不当な要求をする

・精神的ダメージも含めて、慰謝料や見舞金等を請求する

・スタッフの対応に文句をつけて解雇を要求

・個人を責め立てる

・特別待遇を求める

・実現不可能な業務改善を要求する

・謝罪文や詫び状、社告を要求

・SNSへの投稿を交渉材料とする

代表的な言動10

①暴言：「クソババア」「死ね」「辞めてしまえ」「役立たず」

②正当な理由のない過度な要求：金銭要求、ないものを要求する

③権威的態度：毎回小さなミスを見つけて指摘してくる

④威嚇・脅迫：「火をつけるぞ」「仕事ができない体にしてやる」

⑤長時間拘束、リピート：居座り、長時間の説教

⑥セクハラ行為：体に触る、性的な質問をして困らせる

⑦土下座の強要：「床に頭をこすりつけて謝れ」

⑧暴力行為：お金を投げつける、カウンターを蹴りつける

⑨SNSへの誹謗中傷：「ネットにあげるぞ」「拡散してやる」

⑩価値観の強い押し付け：「10年前から不良品だった、弁償しろ」

た暴言や捏造による不当な要求は迷惑行為であり、暴力や脅迫はカスハラを超えて犯罪です。

　お客様第一主義で信用問題を懸念して、悪質行為や不当要求に対してうやむやな対応を取る企業がいまだに多いようですが、カスハラが現場スタッフに与えるダメージは甚大なものです。

　それはもうクレームというレベルではなく、組織を揺るがす大問題です。不当、悪質なクレーマーはお客とは言えないのです。

現場、個人に抱え込ませない カスハラには組織として立ち向かう

◉カスハラには自社独自の対応ルールを設けるべき

　カスハラをする人は金品の獲得や誹謗中傷による自己満足が目的です。一般の苦情とは目的が違うので、話が収まらず時間を浪費します。

　業務には支障が出て、社員の健康不良や離職にまで及ぶこともしばしば。ひいては人手不足や金銭的損失を引き起こし、さらにクレーム対応がおろそかになっていきます。こうした悪循環に陥らないためにも、経営陣が腰を据えてカスハラへの対策を行うべきです。

　まず取りかかってもらいたいのがトップからのメッセージです。

　「カスハラはNO！会社は社員を守ります」と明確な姿勢を打ち出し、従業員に周知します。自社のカスハラの状況については、社内アンケート等を実施して実態を把握しましょう。同時に従業員のための相談体制を整備、対応研修を行って、再発防止にも取り組みます。

　加えて、ぜひとも、自社独自のカスハラの対応マニュアルを作成してください。多様かつ悪質な苦情に担当レベルで個別対応を考えるのはあまりにも負担が大きく、トラブルを生む可能性もあります。

　自社の製品やサービスに応じてどうカスハラを見極めるか、対応の線引き、どの段階で法的手順を取るかなど、経営陣が判断・決定して、全従業員で統一的な動きができるよう態勢を整えるべきです。

　自社で発生しがちなケースを雛型にして具体的な対応を決め、現場で発生したカスハラを雛型に当てはめれば、現場の苦労も大きく軽減できます。

◉大事なのは、カスハラからどう社員を守るか

　お客様第一主義で、「断る」ことをしていなかった組織風土だと断固

企業が取り組むべきカスハラ対策

①事業主の基本姿勢、方針の明確化と従業員への周知　②従業員のための相談体制の整備
③カスハラ対応のマニュアル作成　④社内対応ルールの従業員への教育、研修
⑤実態把握：事実関係の正確な確認と事案への対応

○社内アンケート等で実態を把握する

アンケート内容：どのようなカスハラに遭ったか／カスハラを受けた自身への影響／
カスハラに遭った時の具体的対応／カスハラが発生している原因／
カスハラから身を守るための組織への希望など

○社員のメンタルヘルス対策：就業規則でルール化

月に1度、医師、保健師等によるストレスチェック
メンタルヘルスのためのアンケートを実施するなど

○教育をする　カスハラの場合は線引きが難しい

・受容	→	一般のお客様で強硬タイプ
・境界	→	境界タイプ
・拒否	→	悪質クレーマー

受容・・・お客様からの要望や提案を組織に活かす対応研修
境界・・・マニュアル作成によって白か黒の見極めを決める
〈クレームをカスハラ化させないための難クレーム研修を実施〉
拒否・・・組織としてお断りする不当クレーム、カスハラ対応研修

☆労使協議でカスハラの実態を把握　→ カスハラ対策マニュアルを作成
マニュアルを通じて、「会社が社員を守る」姿勢を明確にする
→これら組織の後方支援によって従業員は迷惑行為に毅然と対応できる
　困ったらすぐSOSが出せるという心理的安全性を確保できる

とした態度は取りにくいでしょう。しかし、カスハラの場合は、時間、人手、金銭のロスでしかなく、「従業員を守る」ことに正当性を置くべき。何より大事なのは、社員のメンタルです。

　実際にカスハラによってうつ病を発症し、上司が適切に対応しなかったことで労災認定されて損害賠償に至った事例もあります。

　日々カスハラが増加していることを考えると、カスハラへの対応は今すぐ取り掛かるべき組織的な課題です。

4 3 会社として「できること」を提案 受け入れられない場合は、対応を 打ち切る

●受容するべきものか、拒否するべきものか

お客様のなかには無理難題を強硬に要求してくる人がいます。

受容なのか、拒否なのか、見極めが難しいところですが、平行線のやりとりが30分以上続く場合、または2回、3回とお断りしても引き下がる気配がない場合は悪質だと判断してよいでしょう。

対応のステップとしては、まず、ご迷惑をかけた点があれば部分的に謝罪し、その後に「会社としてできること」を提案します。

たとえば、商品に破損があった場合、「弊社では、このような場合、返金、もしくは新たな商品のお届けでご対応させていただいております」と説明し、対応への理解を求めます。

その上で、また同じ要求があれば、再度、「先ほども申し上げましたように」と、納得してもらえるようお願いします。

●明らかに非常識な場合は、必要以上に対応しない

こうした対応をしても平行線が続く場合は、理解を求めても時間を浪費するだけ。上級者にバトンタッチをして対応を打ち切ります。

「今回のお申し出について、当社で対応できることは一切ございません」

「すでに○分以上、ご説明を申し上げております。ご理解いただけないようですし、ほかのお客様もおられますので、これ以上の対応はお断りいたします。お帰りにならないようなら、警備に連絡させていただきます」と、きっぱりと打ち切りを宣言してください。

最終的な対応としては、書面でお断りの旨を伝える、あるいは警察や弁護士など第三者機関に連絡する手段もあります。

無茶な要求にはまず、組織としてできることを提案

受容（苦慮）・一般のお客様で強硬タイプ or 拒否（悪質クレーマー）
どちらなのかを見極める

⬇ 納得してもらえない場合は

○エスカレーションで対応をチェンジ
○対応を終了　もしくは
　　連絡先を確認して、後日、書面かメールで連絡する

・連絡先（名前、住所、電話番号等）を言わない
・後日連絡の対応に怒り、恫喝する
▶ **悪質クレーマーなので対応は打ち切る**

　時間にしてどのくらいで対応打ち切りへシフトチェンジするか、お断りの文言やその後の対応については、社内でいくつか雛型を用意しておくと慌てずに済みます。

　ただし、そもそもの要求が明らかに非常識な場合や、暴言、恐喝まがいの要求は、必要以上に対応せずに明確に断ります。

　無理難題に延々と対応しても従業員の神経がすり減るだけ。社員を守るためには、断るためのノウハウをあらかじめ作っておきましょう。

4-4 聞き取り段階で事実を確認 契約通りなら返品、返金は認めない

◉勝手な期待は返品、返金の理由にはならない

　誰にでも、どんな商品にもミスはあります。メーカーでも販売、接客、サービス業でも、過失による返金や返品の要求はつきものです。

　ミスや過失でご迷惑をかけた場合は、謝罪だけではなく、被害に見合った金額や商品でお詫びするのは当然のことです。

　一方で、商品やサービスが契約通りなら、約束したものを提供できているわけですから、本来、返金や返品、保障の必要はありません。

　ところが、悪質なクレーマーは契約書など無視して、自分の勝手な期待のもとに金銭を要求します。「ネットの評判に書いてある内容と違う」「思っていたのと違っていた」、「10年前に買ったものだけど、買ったときから具合が悪かった」というケースもあります。

　担当者に恐怖を与えて冷静さを失わせるやり方で、不当な要求を押し通そうとするのです。

　このような不当な理由でクレーマーの餌食にならないように、そして、現場の恐怖感が少しでも軽減できるよう、あらかじめ対応の方針、方法、進め方をルール化して社内で共有すべきです。

◉事実の確認は正確に、不用意な約束はしない

　対応のフレームづくりと同時に大事なのは、最初の聞き取りです。事の経緯を第三者に説明できるくらい丁寧に聞き取ります。ここでは確認に専念して、不用意に約束はしないこと。

　そして契約書や商品説明の記載を確認し、正当か不当かを判断します。

　明らかに契約通りの場合は、毅然とお断りし、それでも要求が繰り返

難クレームの鉄則

・道義的責任については経緯を説明し、謝罪する
・法的責任については事実確認できた場合に、損害を補償する
▶ これらの責任に当てはまらない場合は、毅然と断る

〈例〉

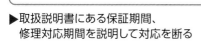

10年前に購入した炊飯器が不具合だから返金しろ、
そもそも買ったときから具合が悪かった

▶取扱説明書にある保証期間、
　修理対応期間を説明して対応を断る

〈要注意！〉カスハラは1件許せば、また次も同じ要求を繰り返す

（ある店の支店で要求が通れば、また別の支店で同じ要求をすることも）

・金銭要求
・商品交換
・謝罪の要求

【対策案の原則として】

契約通りなら、絶対に金品は渡さない
事実確認は正確に慎重に（いつ購入したもので、どんな不具合かなど）
お断りの回答は決して覆さない

される場合は、悪質クレーム対応へと移ります。

　その後、誰が（上司か弁護士か）、どう対応するか（対面か書面か）は、社内ルールに沿って進めていきましょう。

　契約書や商品説明には不当な要求には応じない旨を記載しておくのも良いでしょう。

　どのような方法で断るにしても、回答は覆さず、会社として毅然とした対応を取るべきです。

カスハラへの対応④
無理な要求を通そうとするお客様には
これ以上ゴネでも無駄だと思わせる

●ゴネ得を許したら、トラブルが待っている

　対応できない要求をしつこく繰り返す、いわゆる"ゴネる"お客様への対応は大変なストレスがかかります。

　日本のサービス業はお客様第一主義で、無理を承知で「言ってみればなんとかなる」と思っているお客様が多いのも事実です。「今回だけは仕方ない」と、"ゴネ得"を許したことのある企業も多いことでしょう。

　しかし、カスハラ対応では、面倒だから、ストレスを感じるからという理由で要求をのむのは、もっともやってはいけない対応のひとつです。

　一度ゴネ得を許してしまうと、また次へ。悪質クレーマーの場合は、一度要求を受け入れてもらうと、「前は聞いてくれた」と、同じ要求を繰り返してきます。さらに要求をエスカレートさせることもあります。

　また、悪意あるクレーマーが、「要求を受けた」などとSNSに投稿すると、それが拡散されて、多くのクレーマーの餌食になる場合もあります。

　つまり、カスハラが喜ぶ「ゴネ得」は、企業にとっての「命とり」でもあるのです。間違った前例は、後々までトラブルを生む恐れがあることを覚えておきましょう。

●過去の対応を例にしてきっぱりと断る

　ゴネ得を許さないためには、きっぱりと対応できない旨を伝えるしかありません。

　たとえば、「頼んだワインが美味しくなくて気分が悪くなったので返金してほしい」という理不尽な要求には、「口に合わないと言う理由で返金、返品はできない」と伝えます。

ゴネ得を許さない対応

- ・特例は認めない
- ・きっぱりと断る
- ・過去の例を根拠に、いずれの場合も応じられないと伝える

〈平行線のやりとりが続いた場合〉
何度まで断るか、時間にしてどの程度まで対応するか、あらかじめ【対応方法】
【対応の文言】を決め、現場スタッフが規定に沿って対応できるようにする。

〈例〉ワインが口に合わないからと返品、返金を求める理不尽な要求

おたくで買った〇〇のワイン、酸っぱくて口に合わないんだよね。おかげで気分が悪くなっちゃったんだよ。弁償してくれる？　病院代も含めてさぁ。

以前、別のお客様より酸味に対するご指摘がございましたが、この品種の場合、フレッシュな酸味もひとつの特徴であり、そのように商品説明に記載してございます。

わたくしどもでは、お口に合わないという理由では一切、返品や返金といったお申し出にはお応えしておりません。どうかご了承下さいますようお願いいたします。

〈最後通告の文言例〉

今後もこのようなご要望ということでしたら、わたくしどもでの応対はできかねます。

会社の責任としてお話しました対応でご納得いただけないのであれば、こちらもこの先お話しすることができかねますので、対応を打ち切らせていただきます。

　それでも納得してもらえない場合は、過去の例を根拠に断わる方法があります。右ページの例であげたように、①過去の例、②商品の特徴、③商品紹介の記載を伝えた上で、「恐れ入りますが、こういったケースでの返品、返金は一切承っておりません」と、統一的な対応を貫きます。

　カスハラがゴネるのは、押し通せば要求が通ると思っているからで、ゴネたところで結論は変わらないとわかれば、多くの場合は時間の無駄だとあきらめて引き下がります。

カスハラへの対応⑤

対応するか、しないか 匿名でのクレームには どう応えるべきか

◉名前を言わないのには理由がある

電話やメールでよくあるパターンのひとつに、匿名でのクレームがあります。名前や電話番号は申し出ず、「いち消費者としての本音を言わせてもらう」というケースです。

たとえば、「『消費者目線で見た利便性の問題』」を電話で30分以上話し続ける」「販売員の態度が悪い、マナーのないスタッフはクビにしろと延々と説教する」「『おたくの冷凍食品は評判が悪い』とアドバイスのように連絡してくる」など、個人的観点にもとづく内容が多いようです。

お客様窓口では必ず相手の名前と連絡先はお聞きしますが、嫌がらせのクレームなのか、苦情を述べたことを知られたくないのか、あるいは不平不満のはけ口として文句を言いたいだけなのか、名前は告げない。

いずれにしても匿名のクレームは支離滅裂だったり、理不尽だったり、話が長くなりがち。匿名だからこそ、強気に出るのでしょう。

そして、偽りか、責任を持ちたくない「不確かな苦情」だから名乗りたくないのです。

◉名乗らないお客様には対応できない旨を伝える

名前を聞くことは、相手の言動に責任を持たせることです。

苦情に対してはきちんとお詫びして解決すべきですから、「いつ、どこで、何が起こってお困りなのか」、まずは名前と連絡先を伺った上でお伺いするのは当然のことです。ですから、名乗らないお客様には対応することはできません。

なぜ連絡先が必要なのかと聞かれた場合は、「正確に確認し、適切に

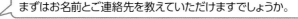

匿名で苦情を訴えるクレーマー

・責任がないから強気に出る
・不確かな情報をもとに、不平不満のはけ口として
　苦情を訴えている場合もある

匿名での苦情は信憑性がないため適切に対応できない
▶名乗らないお客様には適切に対応できない旨を伝える

まずはお名前とご連絡先を教えていただけますでしょうか。

適切に対応させていただくため、必ず、お客様のお名前とご連絡先を伺ってからお話をお伺いしております。

申し訳ございませんが、弊社ではご連絡先をお伺いできない場合は、対応させていただくことができません。ご理解いただきますようお願いいたします。

対応を終わらせるため、
お客様ご要望シートで対応する手段もある
・名前、連絡先、ご要望を記入するシートの送付
・用紙には、名前、連絡先が未記入の場合は、
　ご返答を差し控える旨を記載しておく

対応するため」「商品、サービスの向上のため」と説明します。

　それでも名乗らない相手には、具体的にどんな文言でお断りするのか、右の例を参考に、社内で対応例を用意しておきましょう。

　ホームページなどで、「名乗らないお客様には対応を控えさせていただく」との方針を明記しておくのも一つの方法です。

　また、企業のなかには、名乗らないお客様に対して、名前や連絡先を記入する『お問い合わせシート』を送付している例もあります。

47 うっかり同意すると危険 個人の意見は聞かれても答えない

●個人攻撃はクレーマーの一つの手段

クレームの相手が悪質だと思われる場合でも、まずは通常のクレームのフローで対応します。ご不便をおかけしたのであれば最初に謝罪し、次に事実確認を行って、解決策を提示するという流れです。

当初は現場担当者が一人で対応しますが、明らかに、悪質だとわかったら、その時点で応援を呼びましょう。

カスハラの場合は、一人で判断しないのが原則です。脅迫や暴行に備えて記録係をおくなど、できれば複数で対応するのが望ましい。加えて、法務部や関係部署とも連携を取りつつ、バックアップをしてもらいながら進めると良いでしょう。

複数態勢で対応するのは、個人攻撃を目的とするカスハラ から現場スタッフを守り、速やかに対応を終えるためです。

クレーマーのなかには、「さっきから『わたくしども』っていうけど、あなた自身はどう思うわけ？」「本音を聞かせてよ」などと、個人の意見を求めてくるケースも数多くあります。

一般のクレームであれば、「困っていることをわかってほしい」という気持ちの表れかもしれませんが、カスハラの場合は、個人的な同調や見解を求め、その揚げ足を取って、責め立ててきます。

ここで相手の勢いに押されて、「わたしも同じことを考えるかもしれません」などと答えてしまうと相手の思うツボです。

●返答するときは、「弊社」「わたくしども」

カスハラの場合は、同調を得た途端に、「そうだよね、じゃ、どう対

「あなた自身はどう思うわけ？」
個人的意見を求めてくるカスハラの意図とは？

個人攻撃　または　同調を得て、了承させる

個人的な意見を聞き出す
▶執拗に聞くことで、意見を言わせる

> 「あなただって、きっとこんな目にあったら嫌でしょ」
>
> ⬇
>
> （対応者）「そうですね」
> 勢いに押されてつい口にしてしまった一言を【賛同】と捉える
>
> ⬇
>
> 同意を得たと、無理難題を押し通そうとする

- うっかり「そうですね」と応えてしまうと
  「担当の人が賛成してくれた」
  ▶賛同を得たかのように、揚げ足を取って責め立てる
- 意見を述べないと
  何も言わないことを批判する
  ▶「何も言えないくせに商品を売りつけてんの？
  責任感あんの？おかしいんじゃない？」

カスハラには、できれば複数体制でのぞむ
〈受け答えは担当者一人でも、現場には複数で対応
　後方から上司や法務部がバックアップする〉
（カスハラ対応で上司など応援を呼ぶ際の符丁やサインを決めておくと良い）

応してくれるの？」と、理不尽な要求を突きつけてきます。

　そして、対応が一層困難になっていくのです。

　ですから、個人的な意見は決して口にしないこと。クレームは組織的に対応すべきもので、対応者の言葉は「組織の返答」です。

　個人の意見を求められても、必ず「弊社では」「わたくしどもは」と返答し、組織の代表として応えましょう。また、誰が対応しても同じ返答ができるよう対応を統一し、模擬訓練をしておくことも大切です。

お客様相談室をおしゃべりの場にしない 同じ人からの同じクレームは 早々に失礼する

●高齢者に多い、度重なる来店や説教のクレーム

　近年の接客現場でよく聞くお悩みに、何度も同じ用件でいらっしゃるお客様への対応があります。

　同じ内容の質問で何度も来店したり、解決済みの用件をまた持ち返してきたり。業務とは関係ない話を延々とすることも。概して年輩のお客様に多く、話が長くなり時間を取られます。「気持ちをわかってくれる」と感じているのか、名指しで面会を求める人もいるようです。

　内容が穏便ならまだしも、なかにはスタッフの対応について、あれこれ進言してくるケースもあります。これらクレームで説教をするタイプは、団塊の世代が引退したころから目立ってきた現象です。

　気に入らないことがあれば怒りだし、「マナーがなってない」「だからこの店はダメなんだ」「どういう教育されてきてるんだ」と、怒鳴る。対応を終えようとすると、「まだ話は終わってない」と叱り続ける。

　さみしさや孤独感が怒りの着火点になって、相手を論破したり説教することで鬱屈した感情を満たしているのでしょう。

　こうした高齢者の感情がわからないでもなく、よく言う『シニアモンスター』との呼び方には心が痛みます。けれど、クレームが生きがいになっているケースもあり、行きどころのないストレスを対応者が受け止めるわけにもいきません。

●時間を区切って対応する

　論破しようとしたり、説教を始める相手に、反論は禁物です。

　対応としては相手の言葉を繰り返して要約し、「貴重なご意見」とし

『2025年問題』

2025年には約800万人いる団塊の世代が75歳となり、国民の4人に1人が後期高齢者という超高齢化社会を迎え、社会保障費の急増などが懸念されている。

こうした危機を先取りして、クレーム現場では高齢者のクレームが顕在化
度重なる来訪や電話、長時間にわたる話など
高齢者のクレーマーにかかる時間を短縮する

・反論しない
・話を集約して、同意を得る
・対応時間を決めて話を終える

【時間を区切って、対応終了を告げる】
「お客様へのご説明が30分以上かかっており、次のお客様の予約時間もきておりますので、あと5分で切り上げさせていただきます。さらなる対応が必要でございましたら、メールや書面にて対応させていただきます」

【解決済のクレーム】

「先日もお伺いした点ですね。ご指摘ありがとうございました。すでにこちらで対応させていただき、先日ご理解もいただいた件ですので、この件につきましては対応を終了させていただきます。
次のお客様がお待ちでございますので、こちらにて失礼いたします」

【度重なる来訪の場合】
お名前や電話番号をリスト化
電話に出ないという手段もある、非通知の電話番号には応じない
あらかじめ応対時間を伝えて対応
対応時間や方法は社内でルール化する

て受け止めていることを伝えながらスピーディに話を進めます。

　また、度重なる来訪や電話で同じクレームが繰り返される場合は、「すでに解決した問題」として対応を打ち切りましょう。

　業務に関係がないなど、こちらに非がない場合は、時間を区切ります。

　いずれの場合も、相手の言い分を受け止めていること、解決済みであることを「次のお客様への対応」を理由に、「あと○分で対応を終える」ときちんとはっきり伝えると良いでしょう。

大声や暴言は悪質クレーム なだめるよりも対応を打ち切る

◉大声でわめいたり、暴言を吐き続けるのはお客ではない

近年は反社会的勢力による悪質クレームは減りましたが、表立った行動が減っただけで無くなったわけではありません。加えて、普通の人が豹変したり、心の問題による怒りのクレームも急増しています。

よく聞かれるのが「バカ」「ババァ」と言った侮辱的発言や人格を否定するような言葉で誹謗中傷するもの。これらは迷うことなく「悪質クレーマー」です。金銭の要求や相手をなじることが目的です。

また、独善的な価値観や思い込みで執拗に自己主張し、「要求にはすべて応じるべき」と折れることがない「モンスタークレーマー」も。このタイプは、どんなに合理的に説明しても、納得することはありません。

これら悪質なクレーマーはお客様ではないので、リレーションを構築する必要はありません。業務を邪魔するだけではなく、大切なスタッフを傷つけるので、きっぱりと対応を打ち切るべきです。

◉できないものはできないと答える

とあるスーパーでは、商品が腐っていたから賠償しろと言う不当要求がありました。大声でわめかれ、店内が凍りついたため、店長がバックヤードに連れて行き、ポケットマネーで見舞金を渡して帰しました。

自腹を切った店長には気の毒ですが、これは絶対にやってはいけない対応です。前例を作ったことになり、不当要求が繰り返されます。

では、どうするか。やみくもにその場をおさめるのではなく、「どういったことでしょうか」と暴言、中傷の真意をただし、威圧的な言葉には対応できないと伝えましょう。

弁当が腐っていたとわめき散らすクレーマー

保健所に言ってやる。この店の弁当は腐ってるぞ〜

〈対応例〉

お客様、わたくしどものお弁当で体調を壊されたのであれば、非常に深刻な問題です。すぐに病院に行っていただきますようお願いします。保健所には当方で責任を持って連絡いたします。
ここで大声を出されますと、ほかのお客様にご迷惑ですし、店舗スタッフも動揺しております。
わたくしは、お客様のお体のことと同時に、店舗運営も重要な役割でございますので、まずはお願いに従っていただきます。

お客様、病院で体調不良の原因がわたくしどもの弁当であるとの結果次第で、店舗のルールに基づき対応させていただきます。

状況によっては、顧問弁護士や警察にも確認した上での対応もございますため、この場での具体的なお話は控えさせていただきます。

ポイント
・迷惑行為であると伝える
・病院で真偽を確かめるようお願いする
・第三者機関との連携によって対応することを伝える

あらかじめベースとなる文言をつくっておき、研修等で模擬訓練を行う。
電話対応の場合は、メモも見ながら対応する。
対面の場合は、メモのボードで文言を記したメモを貼るなどして、記録を取りつつメモを見ながら話す。

　異常なまでの自己主張や長話は、職務の妨げになるとして拒否します。もし「いますぐ結論を出せ」と言われたら、社内で協議の上、書面で返答すると伝えます。

　対応者を焦らせて攻撃するクレーマーの狙いにはのらないことです。

　ただ、恐怖を感じる暴言や執拗な要求に冷静に対応するのは困難です。悪質とわかれば、対応者を変えるなどシフトチェンジをしましょう。対応方法をルール化して模擬訓練しておくことも備えになります。

恐怖を感じたら、怖いと伝えて 緊急回避策へとシフトチェンジする

◉恐怖を感じてまで対応することはない

　店内で机や椅子を叩いて叫んだり、土下座を強要するなどは法に触れる悪質な違法行為です。目の当たりにすると頭が真っ白になって何も考えられなくなるのは当たり前のことです。

　残念なことに、これらの悪質クレームは近年の接客現場で頻繁に発生していますが、そもそもクレーム対応は恐怖を感じてまでやることではありません。

　脅しや暴力をふるわれそうになったら、決して無理をすることなく、率直に「怖い」と伝えましょう。

　「お客様の言葉で恐怖を感じて、対応することができなくなりましたので、上席の者と対応を変わらせていただきます」と、その場を離れて、上司や責任者へとエスカレーションします。

　電話での対応でも、脅された場合は同じように伝えて構いません。

　怖いと伝えることは、お客様に平静を取り戻してもらうための方法でもあり、悪質なクレーマーには威嚇行為だと伝えるためです。さらに対応を打ち切る理由にもなります。

◉職務を妨害する行為は警察に連絡すべき

　2013年、某衣料販売チェーン店で、タオルケットに穴が空いていたと、お客が従業員に土下座をさせ、その様子を携帯電話で撮影。さらに自宅に謝罪に来るよう一筆書かせました。この騒動はネットで大炎上し、犯人は逮捕される結末となりました。

　土下座の強要が営業妨害や人権侵害になると示された例で、ご存知の

暴力行為
威嚇
乱暴な言動での要求
面会の強要
長時間の居座り
誹謗中傷で個人を攻撃

▶担当者を追い詰め、職務を妨害する行為
何も対応しないでいると、従業員のメンタル被害につながる

躊躇せず、警察に連絡、相談する
・クレーマーは常習犯のケースもある
・警察から事例をもとに、対処法のアドバイスもらうことで救われる

※ 悪質クレームに備えて、日ごろから警察と連携を取っておく

方も多いでしょう。

　企業の責任者のなかには、悪評につながることを恐れたり、事件でも
ないのにと警察に連絡するのをためらう人がいますが、暴力的な言葉や
態度で担当者を追い詰めるのは、明らかに職務の妨害です。即、警察に
相談する方が安全かつ速やかに事をおさめることができます。

　何より、企業には従業員を守る義務があり、危機管理は重要課題です。

　日ごろから悪質クレーマー対策として警察や弁護士、保険会社などな
の専門機関と連携を取っておくことをおすすめします。

録音、録画すると証拠になり同時に暴走を抑制できる

●カスハラの場合は、メモに加えて録音、録画が有効

　近年はコールセンターの多くで、「サービス向上のため、通話を録音させていただきます」と知らせた上で録音機能を導入しています。

　クレーム対応では、メモを取るのが基本です。正確性を期すため、そして記録しながら話を聞くことで、対話の主導権を握るためでもあります。これらの記録はお客様が不当要求に及んだ場合には、第三者に状況を説明する際の証拠にもなります。

　メモに加えて、悪質クレーマーへの対応では録音、録画を複合して使うのがオススメです。

　メモだけだと、解釈の違いを指摘されたり、有効性を否定される恐れがあるからです。

　メモするな、録音するな、プライバシーの侵害だなどと脅してくるクレーマーもいますが、正確に聞き取るための録音、録画は法律違反には当たりません。

　可能であれば、相手の承諾を得て堂々と録音したいところ。目の前で録音することで、不当要求の抑制にもなります。

　しかし、場合によっては録音しようとしただけで揉める恐れもあり、了承を得ないで記録しても法に触れることはありません。

●録音、録画の際は注意も必要

　記録のための録音録画は法に触れませんが、自分がその場にいないのに、隠して録音装置を取り付けると盗聴行為になるので要注意です。

　また、近年では多くのスマートフォンに録音、録画機能が搭載されて

カスハラ対応には複合的な記録が有効

メモ・録音・録画

・状況や問題を正確に捉えるため
　（「言った」「言わない」の問題にならないため）
・社内で対応を決める際に情報を共有するため
・商品・サービスの改善、業務改善のため
・対応者の緊張、ストレスの軽減にもなる

クレーム対応のためのメモ、録音、録画は基本的に相手の承諾は必要ないが、相手の承諾を得て録音、録画するのが望ましい
▶ 第三者機関に相談する際の状況説明になる
　不当な要求、暴言・暴力の抑制になる

〈対応例〉

今回のお話は非常に重要なことです。内容に行き違いがあってはいけませんので録音させていただきます。
また、上席の者に正確に報告して対応を検討する際にも必要となります。ご了承ください。

防犯カメラでの記録の場合は、映る場所で対応する

おり、いつでもどこでも記録を残すことができます。

　逆にいうと、対応者も知らない間に録音、録画されているかもしれないため、いつ記録されても問題になることがないよう発言には十分注意すべきです。

　店舗などでは相手が大声を出したり、暴行に及びそうな場合は防犯カメラでの録画が有効ですが、写っていないと証拠にならないため、カメラが捉えられる位置で対応するように心がけましょう。

4 12 SNSに投稿するぞと脅されたら慌てず、好きにしてもらう

●脅されても撤回のお願いはしない

ひと昔前までは「マスコミに言うぞ」が常套句でしたが、近年増えているのが「SNSに投稿する」という悪質クレームです。

食品の異物混入を理由にして治療費および損害賠償を請求、応じなければSNSで拡散すると脅す、または、従業員の対応に不満で投稿してやると不満をぶつけてくるケースも多く発生しています。

SNSは宣伝に欠かせないツールとなっているだけに、どの企業も投稿や拡散には敏感になっています。

とはいえ、投稿、拡散という脅し文句に、「やめてください」「そこをなんとか」と、撤回のお願いをするのはNGです。クレーマーとのパワーバランスが崩れ、要求をエスカレートさせてしまう恐れがあります。

この場合は、「わたくしどもとしてはお客様のなさることをとやかく言う権利はございません」と相手の言葉を引き取るのみにしておきます。

脅しや金品が目当ての場合は、大抵はこの対応で、「言っても無駄」とわかって引き下がります。

その後は、ネットへの書き込みを様子見します。偽りの投稿が拡散されて被害が出た場合は、弁護士に相談するなど対処を検討しましょう。

●必要以上に怖がらない、投稿の削除もしない

昨今は、金品目当てだけではなく、自分勝手な正義感で自己陶酔するクレーマー、あるいは、投稿に注目を集めて承認欲求を満たそうとするケースもあって、見極めが難しいところです。

けれど、こちらに非がなければ、自社サイトへの投稿を削除したり、

ネットにあげるぞ！
SNSへの投稿をもとに不当な要求をするクレーマー

NG対応　投稿を止めるようお願いする
投稿、拡散という言葉に明らかに動揺する

クレーマーを優位に立たせることになり、
要求がエスカレートすることも。

OK対応　止める理由がないと**平然**を貫く

投稿をお考えとのこと。
　残念ですが、わたくしどもとしては、お客
様のなさることをお止めすることもできず、
とやかく言える立場でもございません。

非のない悪評を書き込まれた
自社のサイトに偽りの苦情をアップされた

拡散を防ごうと削除するのは逆効果
炎上の原因をつくってしまう

個人アカウントへの投稿を削除要請のお願いをする必要はないでしょう。やっきになって削除していると、返って後ろめたいことがあるように思われて炎上の原因になります。

　非のないところへの誹謗中傷に対しては一旦傍観を。投稿を見るほかのユーザーも過激なコメントは冷静に見てくれるはずです。

　もし誤解があってコメントをする場合は、返信欄に謝罪の言葉と、誤解を起こすこのないよう改善する旨を伝える程度で良いでしょう。

Chapter
5

カスハラには組織で対応

近年、カスタマーハラスメント（カスハラ）という
言葉もよく聞くようになってきました。カスハラとは、
顧客や取引先からの悪質なクレームを指します。カスハラを
放置すると、社員の士気低下や離職などにもつながります。
また担当者個人ではどうにもならないケースもあります。い
ま一人一人がカスハラに対する知識を身に付けると共に組織
として対応することが求められています。

クレーム情報を整理
組織で管理する

●クレーム情報を一箇所に集約する

　最後の章は総仕上げとして、悪質クレームへの組織的対応についてお話しします。

　これまで述べてきたように、クレーム対応は個人のコミュニケーション力に頼るのではなく、組織として取り組むべきです。誰が担当しても同じ対応ができるよう対応方法を体系化して共有することで、現場を救い、悪質クレームによる組織へのダメージを防ぐことができます。

　では、具体的にどう取り組むのか、順を追ってご紹介しましょう。まずはベースとなるクレームの情報化についてです。

　自社に持ち込まれるクレームは、担当者が個々に保存するのではなく、一箇所に集約して管理しましょう。資料は多くあるのに誰も把握していないという状況に陥らないよう、情報管理の責任者を決めましょう。人選はクレーム対応の現場担当者か、その管理者が適任です。

　クレーマーに関する情報の窓口を一箇所にまとめて管理することで、ケースバイケースで分散しがちなクレームを系列的に把握することができます。社内で対応策を決める際、またコンサル会社や弁護士などの第三者機関に相談する際にもスピーディに話を進められます。

●対応シートに記入して整理する

　情報を管理するには、フォーマット化したクレーム対応シートがあると便利です。クレーム対応時に書くメモとは別に、「何が起きたのか」という事実を、"できるだけ主観を交えず"に記入します。

　クレーム対応は緊張感を伴うため、報告内容が担当者の心情に左右さ

クレーム対応報告シート

クレームの内容を記録として保存する

担当者名：＿＿＿＿＿＿＿＿

お客様情報

名前	
住所	
電話番号	

クレーム内容

	発生日時	クレーム内容（お客様の要望）	対応	備考
①				
②				
③				
④				

※お客様の要望：物的、金銭的対応（弁償、交換、代替品、修理）、謝罪の要求など

※クレームの派生から現在に至るまでの経過を時系列に記入
（誰が読んでも具体的なやりとりがわかるように、事実を整理して端的に記入する

※アフターフォロー

※多部署との連携、事実確認などそのほかの留意点を記入

情報管理の責任者がクレームの発生日時ごとにシートを管理

れがちですが、「恐怖を感じた」「返答に困った」という主観的な感想を交えず記入することで、事実を見失わず、客観的な情報を残すことができます。

　また、第三者が事態を流れに沿って把握できるよう、時系列に記入していくとわかりやすいでしょう。このように対応シートに記録を残し、責任者が管理することで、自社のクレーマーの実態が情報として整理されます。

悪質クレームを断る仕組みづくり②
積極的に情報を発信して
クレーム情報を全社で共有する

◉クレーム情報は担当者のものではなく組織のものに

　クレーマーの情報は担当者それぞれに属するのではなく、組織の情報として扱います。

　前項のクレーム対応シートも、保存・管理は責任者に集約し、誰もが閲覧できるようシステム化しておきましょう。シートの記入については、単に「情報を集める」という指示では事務仕事が増える印象を与えがちですが、困ったときの参考例として利用できるよう機能させると、現場それぞれが判断に悩むことも少なくなります。このように集めた情報を、全社で利用する仕組みをつくっていただきたいのです。

　えてしてクレーム対応は担当者のスキルに頼りがちで、コミュニケーション力に長けた人に難しい対応が任されることに。結果的に、できる人ほどストレスを多く抱える傾向に陥ってしまいます。

　一方で、クレーム対応の経験が浅い人は、対応や判断への不安から必要以上の緊張を抱えがちで、ストレスから離職につながることもあり得ます。

　これらのマイナス作用を避けるためにも、相互利用できる情報スポットづくりは重要な方策です。

◉情報発信で利用を促す

　もう一つ、クレーマー情報の管理でお願いしたいのは、情報の発信です。自社で多いクレーマーのタイプや対応時間が縮小できた例などを積極的に発信して、全従業員の閲覧を促してみましょう。

　SNSでは日々情報を発信している人ほど閲覧や「いいね」が多く、

クレーマー情報を全社で利用する仕組みをつくる

クレーマー対応シートの記入

⬇

情報スポットに集約　← 責任者が情報を管理
　　　　　　　　　　　　全社で過去例として閲覧利用できるよう
　　　　　　　　　　　　システム化する

○情報スポットからの発信
　　クレーマー情報を発信
　　　・要注意のクレーマーの例
　　　・ケース別参考になる対応例　など

○従業員からの投稿・発信
　　クレーマーでの悩み
　　参考になる対応例

○管理職・経営者からの発信
　　国・自治体からのカスハラ対策情報
　　現場対応者への賞賛
　　投稿を寄せた現場対応者への個別のねぎらい

**クレーマーの情報スポットを現場担当者と全従業員が、
業務の負担を軽減するため積極的に利用する仕組みをつくる**

コメントも数多く寄せられるように、情報は積極的に開示することで共感が得られて利用も促されます。

　システム上にクレーマーに悩む従業員の声が寄せられたり、その声に参考例となるコメントがアップされる、または経営者が対応者をねぎらうコメントをあげるなど、全社で共有する場になるのが理想的です。閲覧、利用が多い人ほど賞賛される仕組みをつくるのも良いでしょう。

　情報スポットはあっても「他人事」にならないよう、気軽に利用できるヘルプデスクとして活性化させましょう。

悪質クレームを断る仕組みづくり③
円満解決のないカスハラには 組織としてのゴールを決める

●ゴールがないと終わらない

クレーム対策の基本原則は、お客様の感情に寄り添い、ご要望に的確に回答することです。しかし、悪質クレーマーの場合はそもそも理解や協力のしようがないため、円満解決などあり得ません。

「とりあえず帰ってくれればいい」という考えでその場しのぎの対応をしていると、平行線のやりとりが繰り返されるだけ。味を占めたクレーマーは再びやってきます。

では、何を持って「解決」とするのか。

厚労省のマニュアルにも明確には示されていませんが、ゴールラインはそれぞれの企業で独自に設定しておくべきです。

ゴールの指針がないと、現場担当者のストレスは増すばかりです。「こうなるとゴール。"解決"とします」という方向性が示されていると、現場は目指す方向がわかって対応しやすくなり、企業としても「クレーマーに負けない」という姿勢を貫くことができます。

●合意ではなく、「来なくなる」ことを目指す

クレーマーは一旦合意をしたとしても、また手法を変えて要求を繰り返すことが多く、合意したからといって安心できません。

目指すべきは、クレーマーが「来なくなる」こと。ゴールの落としどころを設定し、その後は解決済みとして「対応しない」という基本姿勢を決めておくと、現場の不安が解消されます。

「不退去は警察対応、その後は対応しない」というゴールを決める。金銭の支払いで一旦合意を得たら、必ず合意書類を作成して「解決」と

ゴールを設定してクレーマーに強くなる組織づくりを

〈例〉

〈警察対応〉

3回断っても不退去の場合は、警察を呼ぶ

「これ以上お話を続けることはできませんので、お引き取りください」

「ほかのお客様への対応もございますので、お帰りいただけない場合は、警察に通報します」

警察には迷惑行為のお客がいるため、帰らせてくださいと具体的に通報する

▶ 警察対応で終了と決める

〈弁護士対応〉

顧問弁護士等に相談

「お客様、この件に関しましては組織内で検討し、文書にて回答させていただきます」と口頭で伝える。その後は、

「本件に関しては、重ねてお伝えしましたように、ご要望にお応えすることはできません。これをもって最終回答とさせていただきます」といった通知書を書面で送る。

文書回答を行っても不当要求が続く場合は、交渉窓口を弁護士に移管する通知を出す。

し、その後の要求には一切レスポンスしないのもひとつの方法です。

　または訴訟に持ち込むのも明確な手段です。判決が出れば、その内容に従って対応すれば終了となります。

　いずれにしても、ゴールの方向性を決めたら、その姿勢を貫くこと。警察や弁護士に相談してでもクレーマーに屈しないという力強い姿勢が現場を守ることになります。

クレーマーの定義を定め
対策マニュアルを作成する

●苦慮案件か拒否案件かの線引きは自社で定める

　「これはカスハラですか」。セミナーでよく質問されるのが、苦慮案件とクレーマーの線引きです。「社会通念上不相当」という定義は、あいまいで具体性に欠けます。「30分以上の平行線対応」という基準もあくまで一例であって、どの業界業種にも当てはまるわけではありません。

　私個人の見解を述べることはできますが、クレーマーの定義は明確な正解などなく、分岐点は企業独自で定めるしかありません。

　では、何のために定めるのか。現場が判断に迷うことなく、迅速に対応するため。ですから、定義はシンプルでわかりやすくするべきです。

　たとえば、「1日に5回以上の電話」「保証期間外なのに正当性を主張」「脅し、机を叩くなど暴力的行為」といった具合です。アプローチとしては、内容と要求の方法の2面から考えると良いでしょう。

　判断しにくい場合は、実際にあったクレーマー例をもとにタイプづけをしていくと、自社の業務内容に沿ったものになります。

　定義を決めたら、全社で共有を。誰が見ても「これはクレーマー」と、判断できるよう全従業員の認識とします。

●定義付けをもとに独自の対応マニュアルを作成する

　クレーマーとは自分勝手な要望を方法も問わずにぶつけてくるもの。それぞれで対応を考えていては、現場の身が持ちません。

　ですから、それぞれの企業で独自の対応マニュアルを作成していただきたい。千差万別のクレームも型に当てはめることで、対応方法がスピーディに判断できるため担当者のプレッシャーが軽減できます。また、

クレーマー対応は組織の課題

経営者自らがリードして「断る仕組み」をつくる

○組織の姿勢を表明
「クレーマーは拒絶!会社はクレーマーから従業員を守ります」

○施策づくり
・クレーマーの定義を決める
　自社独自で、「ここまできたらクレーマー」という線引きを設定
・クレーマーの対応マニュアルを作成:これまでの自社のクレーマーを例に、対応方法
　を独自で設定する
　対応の仕方／お断りの文言／どの段階で上司、他部署と連携をとるか／エスカレーシ
　ョンの仕方／対応打ち切りのタイミングとその方法／そのほかやるべきこと／現場担
　当者がやらなくてもいいことなどを具体的に設定
　外部に依頼して形式的なものをつくるのではなく、自社の例をベースとして「使えるマ
　ニュアル」を作成する
○クレーマーの定義と対応マニュアルを全社で共有
▶ 誰が対応しても一律の対応ができるよう徹底する

○教育
クレーマー対応が個々のスキルによって左右されないよう、対応法の教育を定期的に実施

○重要事例の共有
対応の参考とすべき事例は必ず全社で「組織の知恵」として共有

クレーマーへの対処は現場個人に任せないこと
全社で「組織対応」を徹底し、従業員を守り、組織を守る

個々のスキルに左右されることもなく統一的な対応ができます。

　マニュアルではクレーマーの対応手順、社内の連携の取り方、対応の文言のほか、やるべきこと、やらなくていいことも決めておきましょう。

　ただし、基本的な対応スキルは必須であり、マニュアルを浸透させる教育も必要です。月に1度、6のつく日は「クレーム対応の日」と定めてトレーニングをするなど全社的な取り組みで、クレーマーを断るための仕組みをつくり上げましょう。

クレーム対応担当者はもっとほめられて然るべき

●守るべきは何よりも従業員のメンタル

カスハラから守るべきものは、会社の評判より従業員のメンタルです。クレーム対応は、心労がたまる業務です。

毎日、同じような質問に応え、何を言われても感情を抑えて、過度なクレームでは罵倒されることもある。それなのに、上司や経営陣からは、「現場のことは現場に」と対応を丸投げされがちです。

上司に助けを求めても適切に対応してもらえず、モチーベーションを保てずにメンタル不調に陥って、離職に至るケースも多く見られます。

クレーム対応で人材不足に陥るのは経営者の姿勢の問題です。

企業経営は従業員の健康的な働きから成り立つもので、悪質クレームへの対策は危機管理のひとつだと捉えるべき。

人材の流出を防ぐには、カスハラ対策を打ち立て、連携フォーメーションでバックアップしながら、対応者を孤立させないこと。

組織が必ず従業員を守るという姿勢を明確に示すべきです。

●現場対応者を褒める文化を醸成する

クレーマー対応にはプレッシャーがつきものです。日ごろから「よく頑張っているね」と、感謝と労わりの声がけをする習慣をつけましょう。

組織では数字に結びつく部門を評価しがちですが、期末などに金銭的な評価も含めて、クレーム対応の担当者を評価、表彰する制度があれば日ごろの苦労も報われます。

また、クレーマー対応はコミュニケーション力の高い人ほど難しい案件を任されがちです。能力によって業務に偏りが出ないよう、教育会社

企業に期待されるカスハラ対策

現場担当者を評価する風土を醸成する
- 管理者と従業員との間で定期的に面談を実施
- 社内 SNS などを利用して、悩みや気づいたことを随時共有するシステムをつくる
- ▲ 利用者は積極的に評価する
- 日ごろの業務を声がけで労う。金銭面でも評価する

従業員の安全を確保
　▶現場担当者を孤立させない
　　暴力、脅しなど悪質な行為が発生した場合は、クレーマーから現場担当者を
　　引き離して安全を確保する
　　状況に応じて、警察や弁護士と連携

メンタルケア
　　定期的にストレスチェック
　　従業員が被害に遭った場合は、産業医やカウンセラーと連携しアフターケア
　　を行う

現場担当の従業員が気軽に相談できる対応者を決めておく
　▶現場の管理者が適任

> これらの対応、体制整備のために、顧客担当の部門だけでなく、人事、総務、法務等の社内ライン部門、外部機関(弁護士、コンサルティング会社、教育会社、産業医、心理カウンセラーなど)と連携をはかる

やコンサルティング会社の力も借りながら、複数の対応者を育て、ノウハウを体系化していくことで組織の力を強化することができます。

　同時に、従業員のための相談体制も整えていきましょう。

　パワハラ、セクハラだけでなく、カスハラも含めてメンタルヘルスのケアを整備していくこと。産業医と連携するなど、人事や総務のライン部門も動員しながら組織ぐるみで取り組んでいくことが重要です。

古谷　治子（ふるや　はるこ）

全国シンクタンクを中心に4,000回以上の登壇を誇るCS教育の第一人者。
東京放送、中国新聞社での実務経験を経て、人材育成コンサルタントとして独立。1993年設立の株式
会社マネジメントサポートは31期目を迎える他、4つの会社経営を手がけ、常に経営者の視点から組
織向上、業績アップを目指した実践的な指導を行う。
多彩な切り口で展開する研修は、経営者としての実体験、マネジメントの現場感覚を盛り込み、企業
の代弁者として現場を活性化させると評価を博している。
手がける研修は、個人スキルの向上から企業団体の組織風土醸成、不変のテーマであるCSマナー・ク
レーム対応強化など多彩。社会の動向を踏まえた女性リーダー意識・行動改革・管理者養成にも注力
する他、グローバル化に備えた「おもてなし研修」でも注目を浴びる。
ライフワークとして続ける「マナー指導者養成講座」では5千余名の講師を輩出。後進の育成とビジ
ネス教育コンテンツの振興に寄与する「日本講師協会」を設立し、日本の講師界を牽引。

東京商工会議所女性会理事、（財）日本電信電話ユーザー協会審査員、一般社団法人日本講師協会代
表理事、日本交流分析協会会員、他歴任

カスハラ・クレーム対応最強ノート

2023年3月30日　初版第1刷発行

著　　者	**古谷　治子** ©H.Furuya 2008
発 行 者	**中野　進介**
発 行 所	**株式会社ビジネス教育出版社**

〒102-0074　東京都千代田区九段南4-7-13
TEL 03（3221）5361（代表）／ FAX 03（3222）7878
E-mail ▶ info@bks.co.jp　URL ▶ https：//www.bks.co.jp

印刷・製本	中央精版印刷株式会社
ブックカバーデザイン	飯田理湖
本文デザイン・DTP	㈲グロウブリッジ
DTP	坪内友季

ISBN978-4-8283-0988-0